Campus

Gesamtkurs
Latein

Ausgabe **B**

Training 4

C.C. BUCHNER

Campus

Gesamtkurs Latein. Ausgabe B

Herausgegeben von Christian Zitzl, Clement Utz, Andrea Kammerer und Reinhard Heydenreich.

Erarbeitet von Johanna Butz, Wolfgang Freytag, Johannes Fuchs, Gerhard Hertel,
Reinhard Heydenreich, Ulf Jesper, Andrea Kammerer, Elisabeth Kattler, Birgit Korda, Christl Lobe,
Michael Lobe, Diana Lohmer-Lößl, Stefan Müller, Wilhelm Pfaffel, Andreas Rohbogner,
Sabine Rumpler, Anne Uhl, Clement Utz und Christian Zitzl.

Training 4 wurde bearbeitet von Johannes Fuchs, Elisabeth Kattler und Anne Uhl.

Über weiteres fakultatives Begleitmaterial informiert Sie
C. C. Buchner Verlag   Postfach 1269   D 96003 Bamberg
www.ccbuchner.de   service@ccbuchner.de

Bamberger Wortschatz

1. Auflage, 2. Druck 2016
Alle Drucke dieser Auflage sind, weil unverändert, nebeneinander benutzbar.

Lektorat: Bernd Weber
Satz und Gestaltung: tiff.any GmbH, Berlin
Illustrationen: tiff.any GmbH / Heimo Brandt, Berlin
Umschlaggestaltung: creo Druck & Medienservice GmbH, Bamberg / Ines Müller, Bamberg
Druck und Bindung: creo Druck & Medienservice GmbH, Bamberg

www.ccbuchner.de

ISBN 978-3-7661-**7814**-5

Einladung

ins Trainingscamp für dich

Trainingszeiten

Mehrmals wöchentlich.
Denn wenn du regelmäßig wenige Minuten übst, ist das besser, als wenn du alles auf einmal übst!

Trainingsziel

Gute Beherrschung der lateinischen Sprache.
Denn was du kannst, macht dir normalerweise auch Spaß, und was dir Spaß macht, machst du normalerweise auch gerne!

Trainingsplan

Wiederhole und sichere den jeweiligen Lernstoff – denn ohne Fleiß kein Preis!
Bereite dich anhand der Selbsttests auf Klassenarbeiten, Schulaufgaben und Tests vor – denn Übung macht den Meister!

Trainingsvoraussetzungen

Beginne erst, wenn du den Wortschatz und die Grammatik der jeweiligen Lektion deines Lehrbuchs gelernt hast!

P. S. Den Übersetzungsübungen sind aus Platzgründen keine Schreiblinien zugeordnet. Schreibe die Lösungen zu diesen Übungen in ein eigenes Heft.
Das Lösungsheft gibst du am besten deiner Mutter oder deinem Vater zur Aufbewahrung. Sie können dann immer überprüfen, wie gut du schon geworden bist.

103 Wortschatz

1 Schlag doch im Wörterbuch nach – aber wie?

Um in einem Wörterbuch Verben zu finden, benötigst du deren 1. Pers. Sg. Präs. Akt. Bilde also jeweils die 1. Pers. Sg. Präs. Akt. der folgenden Verbformen und übersetze sie dann:

a) neglexeritis	**e)** parcam ....
b) commissa	**f)** redierit ....
c) abstulit	**g)** praefert ....
d) relicturus	**h)** mota ....

> **neglegēns,** entis, *adv.* **enter** (neglego
> sig, sorglos, gleichgültig: **in amicis elige**
> **rum** *T.* **2. occ.** verschwenderisch: adulesc
> **neglegentia,** ae, *f.* **1.** Nachlässigkeit. 2.
> gung: **deûm** *L*, **sui** das Sichgehenlassen
> **neg-legō** 3. **lēxī (neglegisset** *S*), lēctus
> § 67) **1.** vernachlässigen, sich nicht kümmer
> **liarem** *N*, **mandata**; mit *inf.* **2.** nicht ac
> schätzen: **auctoritatem senatūs,** bellu
> **3.** übersehen, ungestraft lassen: **iniurias,**

2 Wortkundig

Finde möglichst viele „Verwandte" zu den folgenden lateinischen Wörtern und übersetze dann alle:

a) movere (2 Komposita, 1 Substantiv) **b)** beneficium (1 Verb, 1 Adjektiv, 2 Adverbien, 2 Substantive)
c) effugere (Verbum simplex, 1 Substantiv) **d)** cupere (1 Substantiv, 1 Adjektiv) **e)** furtum (1 Substantiv)
f) humanitas (1 Substantiv, 1 Adjektiv) **g)** adducere (Verbum simplex, 1 Substantiv)

3 Synonyme

Ordne Wörter bzw. Ausdrücke, die eine ähnliche Bedeutung haben, zu Paaren (z. B. „G7"):

A rapere	B iustus	C abire	D sine vulneribus	E te oportet	F diligere
1 incolumis	2 aequus	3 amare	4 debes	5 discedere	6 auferre

4 Mutter Latein

Was bedeuten die folgenden farbig gedruckten Fremdwörter? Wähle jeweils die richtige Lösung aus und erkläre die Fremdwörter mit Hilfe der ihnen zu Grunde liegenden lateinischen Wörter:

a) Am Limes kann man noch **Relikte** aus der Römerzeit finden.	1	Knochen von Heiligen
	2	religiöse Gegenstände
	3	Überbleibsel
b) Anna ist äußerst **sensibel**.	1	feinfühlig und empfindsam
	2	ohne Einfühlungsvermögen
	3	eine alte Frau
c) Im Urlaub gerieten wir in **Kalamitäten**.	1	nach Süditalien
	2	in Schwierigkeiten
	3	beim Schwimmen in die Nähe von Tintenfischen
d) Der Lehrer weiß, wer in der Klasse geklaut hat. Nun stellt er dem Dieb ein **Ultimatum**.	1	Er nennt ihm einen letzten Zeitpunkt, an dem er sich freiwillig melden kann.
	2	Er teilt ihm einen Ort mit, an den er das Diebesgut zurücklegen kann.
	3	Er droht die höchstmögliche Strafe an.

Formenstaffel

quisque → Gen. → Akk. → Abl. → Dat. → Nom.

5

Plinius an Paternus

6

Der Gutsbesitzer Plinius schreibt an seinen Freund Paternus von den Sorgen um seine Sklaven, aber auch von seiner Art, mit Sklaven umzugehen. Markiere und bestimme alle Infinitive. Übersetze dann.

a) Vilicus (Verwalter) mihi narravit multos servos non valere, nonnullos morte nobis ablatos esse. **b)** Certe scis me istis calamitatibus vehementer permoveri. **c)** Profecto omnes servos incolumes esse cupio. **d)** Certe iam accepisti optimum quemque servum a me liberatum esse. **e)** Spero eos ipsos, quos liberavi, mihi fidem servaturos esse et amicos probos futuros esse. **f)** Iis, qui in villa mea manent, pecuniam habere et res parvas emere licet. **g)** Proinde scio servos meos in villa mea numquam furta commissuros esse.

Paternus an Plinius

7

I. Übersetze zunächst ohne die farbig gedruckten Partizipialkonstruktionen. **II.** Überlege danach, in welchem zeitlichen und logischen Verhältnis die Partizipialkonstruktionen zur Haupthandlung stehen. **III.** Füge zum Schluss die Übersetzung der Partizipialkonstruktionen sinnvoll in den Satz ein:

a) Me epistulam tuam legentem et calamitates servorum et dolores tui permoverunt. **b)** Servi a te liberati certe semper tibi aderunt. **c)** Negotia parva servis concedens fidem familiae tuae augebis. **d)** Certe servi in villa tua manentes furtum non committent, si eis licet pecunia a te data res parvas emere. **e)** Mox ad te veniam mores tuos ipse cogniturus.

Wunderdoktor

8

I. Klammere jeweils den Ablativus absolutus ein. **II.** Übersetze dann zunächst ohne Ablativus absolutus. **III.** Füge zum Schluss die Übersetzung des Ablativus absolutus sinnvoll in den Satz ein.

a) Compluribus servis morbo (Krankheit) laborantibus medicus (Arzt) in villam meam arcessitus est. **b)** Illo viro aspero villam intrante nonnulli servi primo putabant magnum periculum sibi instare. **c)** Auxilio autem omnibus lato fiducia servorum crevit. **d)** Nunc cunctis servis bene laborantibus et saepe ridentibus ego quoque laetus sum.

9 Überschrift:

Der Philosoph Seneca schreibt an seinen Freund Lucilius:

Libenter ex iis, qui a te veniunt, accepi te familiariter cum servis tuis vivere. Hoc decet[1] virum aequum et sapientem et humanum. Quidam dicunt: „Isti servi tantum sunt." His respondeo: „Immo homines." Dicunt: „Servi sunt." Ego contra: „Immo amici." Dicunt: „Servi sunt." Ego: „Immo pars familiae." Alii: „Servi sunt." Ego: „Immo con-servi." Cogita enim nos omnes servos eiusdem fortunae esse!

Itaque rideo istos, qui – summa superbia permoti – turpe existimant una cum servo cenare. Dominus quidam cenat plus quam venter[2] suus capit, at infelicibus servis verba minima dicere non licet. Tussis[3] quoque poena afficitur. Convivio confecto servi nocte non quiescunt, quia dominum tegunt. Sic accidit quondam, ut ii servi, quibus dominum appellare non permittitur, de domino famas turpes narrent.

At illi, qui sine metu cum domino vivunt, parati sunt periculum ultimum domino instans in suum caput avertere.

[1]decet *m. Akk.* es gehört sich für jdn. [2]venter, tris *m* Bauch [3]tussis, is *f* Husten

Aufgabe 1
Unterstreiche alle Infinitive und markiere alle Partizipien farbig. Übersetze dann den Text und gib ihm eine passende Überschrift.

Aufgabe 2
Der Christ Paulus schreibt in einem seiner Briefe:
Unusquisque[1] enim, qui in Christum baptizatus est[2], Christum induit[3]: Non est Iudaeus neque Graecus, non est servus neque liber, non est masculus[4] et femina. Omnes enim vos unus estis in Christo Iesu.

[1]ūnusquisque ~ omnis [2]baptizāre in taufen auf
[3]induere anziehen [4]masculus Mann

a) Wo findest du Gemeinsamkeiten, wo Unterschiede zwischen dem Seneca-Text und dem Zitat aus dem Paulusbrief?
b) Der Nicht-Christ Seneca wird mitten unter christlichen Heiligen im Chorgestühl einer Kathedrale dargestellt. Überlege, wie es zu dieser Ehrung gekommen sein kann.

Porträt des Philosophen Seneca im Chorgestühl des Ulmer Münsters. 15. Jh.

Irrläufer

1

Markiere jeweils das Wort, das nicht in die Reihe passt, und begründe deine Entscheidung.

a) ultimus – proximus – maximus – optimus – decimus – minimus

b) praeter – procul – propter – apud – post – contra – intra – extra

c) pudor – amor – dolor – gaudium – metus – manus

Wortkundig

2

Ordne die Wörter, die eine ähnliche Bedeutung haben, zu Paaren (z. B. „H8"):

A vereri	B timor	C aedes	D putare	E homo	F tueri	G nam
1 enim	2 reri	3 mortalis	4 metus	5 conservare	6 timere	7 domus

Mutter Latein

3

Erkläre die folgenden Fremdwörter, indem du die ihnen zugrunde liegenden lateinischen Wörter angibst.
Beispiel: Defensive → defendere → Verteidigung

a) effektiv **b)** vital **c)** turbulent **d)** deponieren **e)** Dozent **f)** suspekt **g)** Tutor

Sprachgewandt

4

Die Adjektivendung **-osus** drückt aus, dass etwas in Fülle vorhanden ist; zum Beispiel: periculosus: periculum → voller Gefahren / gefährlich. Erschließe die Bedeutung der folgenden Adjektive mit Hilfe der dir bekannten Substantive. Verwende dabei die deutschen Suffixe *-voll*, *-reich*, *-ig*, *-isch* und *-lich*.

a) perniciosus **b)** ventosus **c)** invidiosus **d)** dolorosus **e)** dolosus **f)** aquosus **g)** pretiosus

Tüftelarbeit!

5

Stelle aus den folgenden Buchstabenhaufen lateinische Vokabeln her. Helfen kann dir dabei jeweils das neben ihnen stehende lateinische Wort, das das Gegenteil ausdrückt.

a) PRINCESIE	⟷ salus	**f)** SERVU	⟷ falsus
b) ROMS	⟷ vita	**g)** REURAC	⟷ neglegere
c) BAUSTE	⟷ miser	**h)** ROMIT	⟷ audacia
d) UMUNMQA	⟷ semper	**i)** SILIMONUC	⟷ violatus
e) RUCOLP	⟷ prope		

6 Formvollendet

Setze die fehlenden Buchstaben ein und übersetze dann die vollständigen Verbformen.

a) arbitr ☐ bantur	b) verebo ☐	c) suspicati e ☐ tis	
d) precare ☐ ini	e) tuer ☐ !	f) ratus ☐ rat	g) morati e ☐☐ ent

7 Versprochen ist versprochen!

Bilde zu jeder Form von **promittere** die entsprechende Form von **polliceri**.

a) promittit ....

b) promisi ....

c) promitterem ....

d) promittebamus ....

e) promisisse ....

f) promittatis ....

8 Formenklauberei

V-OR-sicht V-OR dem Wortende -OR. Sortiere die Formen in die richtigen Körbe ein:

a) dol**or** **b)** meli**or** **c)** impell**or** **d)** fur**or** **e)** tue**or** **f)** fate**or** **g)** mercat**or** **h)** facili**or** **i)** tuti**or** **j)** min**or** **k)** imperat**or** **l)** incend**or** **m)** forti**or** **n)** mor**or** **o)** permove**or** **p)** suspic**or**

9 Wer die Wahl hat ...

Epikur. Marmorbüste aus dem 3. Jh. v. Chr. Rom, Musei Capitolini.

Entscheide jeweils, welche Verbform passt, und übersetze dann:

a) Calpurnia: „Dei nobis auxilium (**promissi sunt** / **polliciti sunt**). **b)** Itaque dei a me non (**timentur** / **verentur**). **c)** Semper dei a me (**precantur** / **orantur**), ut ab iis (**tueamur** / **servemur**).“ **d)** Nicodemus: „Epicurus philosophus (**arbitratur** / **putatur**) deos res humanas non curare. **e)** Praeterea Epicurus (**ratus est** / **existimatus est**) sacerdotes res falsas de deis narrare.“

Wie ist die Welt entstanden?

10

Die Frage nach der Entstehung der Welt beantworteten im 4. und 5. Jahrhundert vor Christus die griechischen Philosophen Leukipp und Demokrit mit der sogenannten Atomlehre. Der christliche Schriftsteller Laktanz kritisierte diese Lehre heftig:

Nonnulli philosophi omnia e multis corpusculis[1] facta esse arbitrantur. Ego reor eos homines istis philosophis credentes stultos esse. Nam cum terram et caelum et homines et bestias tuemur, ista corpuscula minima videre non possumus. Unde illa corpuscula incedunt? Quis fateri potest se ea corpuscula umquam aut vidisse aut sensisse? Num Leucippus, qui erat huius sententiae auctor, solus oculos habuit, solus mentem? Suspicor istum virum res falsas docuisse. Palam enim protulit illa corpuscula casu iungi. Omnia sidera, omnia animalia, omnia maria, ut iste ratus est, ex illis corpusculis iunctis constant.

Ego vero haec fateor et vos precor, ut hanc sententiam, quam nunc memorabo, veram aestimetis: Deus solus omnia, quae et in terra et in caelo et in mari morantur, creavit. Praeterea Deus nos tuetur et semper tuebitur, ut nobis pollicitus est.

[1]corpusculum Atom

Aufgabe 1

Markiere alle Deponentien im Text und versuche mit ihrer Hilfe die Grundaussagen des Textes zu erschließen. Übersetze dann den Text.

Aufgabe 2

Stelle anhand der im Text genannten Begriffe die Theorien des Leukipp und des Laktanz einander gegenüber.

Leukipps Theorie	Laktanz' Theorie

Aufgabe 3

Leukipp meets Lego. Nimm einmal an, die im Text erwähnten corpuscula sähen aus wie Legobausteine. Wenn du solche noch besitzt, versuche mit ihrer Hilfe Leukipps Theorie zu veranschaulichen.

1 Bitte nicht verwechseln!

Unterscheide genau:

a) fere – ferre **b)** capere – carpere **c)** queri – quaerere **d)** dolore – dolere **e)** moliri – morari **f)** debere – delere **g)** erras – eras **h)** dicere – ducere

2 Wortkundig

Erschließe die Bedeutung der folgenden Adjektive und Substantive:

a) experiri	expertus (Adj.)	experimentum (Subst.)
b) queri	querulus (Adj.)	querela (Subst.)
c) pati	patiens (Adj.)	patientia (Subst.)

3 Sachfeld „Freizeit – Arbeit"

Übersetze die folgenden Ausdrücke und ordne sie den Sachfeldern **otium** und **negotium** zu:

otium	negotium

a) causas agere **b)** cum amicis de amicitia loqui **c)** voluptatibus se dare **d)** fabulis sensus delectare **e)** communi saluti consulere **f)** magnas opes sibi parare **g)** libros philosophorum legere

4 Mutter Latein

Ergänze die Beschreibungen und notiere am Ende des Satzes das lateinische Verb im Infinitiv:

a) Ein angriffslustiger Mensch kann auch mit dem Wort .... bezeichnet werden. (vgl. lat.: ....)

b) Ein Querulant .... über fast alles. (vgl. lat.: ....)

c) Wer gerne Versuche im Labor macht, ist wohl ziemlich .... freudig. (vgl. lat.: ....)

Formenkundig

5

Bilde zu jeder Form von **movere** die entsprechende Form von **moliri**:

a) movisti ....

b) movebimus ....

c) movisse ....

d) moverem ....

e) moveram ....

f) move ....

g) movetis ....

h) moveant ....

Fragen oder Klagen?

6

Wähle jeweils die richtige Verbform aus und übersetze dann den ganzen Satz:

a) Pater Calpurniae numquam officia sua (**quaeritur** / **queritur**).

b) Saepe homines calamitatem (**quaerentes** / **querentes**) ei in viis urbis occurrunt.

c) Haud raro homines ex illo viro consilium (**quaerunt** / **queruntur**).

d) Non solum magnas opes, sed etiam summam gloriam (**quaerit** / **queritur**).

e) Scimus autem Calpurniam filiam vitam patris (**quaesivisse** / **questam esse**).

Sprachkundig

7

Übersetze und ordne den Sätzen a) – h) die folgenden Fachbegriffe zu, indem du den jeweils zutreffenden Buchstaben hinter die Sätze schreibst:

A Prohibitiv – **B** erfüllbarer Wunsch in der Gegenwart – **C** erfüllbarer Wunsch in der Vergangenheit – **D** unerfüllbarer Wunsch in der Gegenwart – **E** unerfüllbarer Wunsch in der Vergangenheit – **F** Jussiv – **G** Hortativ – **H** Imperativ

a) Calpurnia: „Utinam ne pater hodie causas ageret! → ☐ **b)** Nollem pater iam ante lucem domum reliquisset! → ☐ **c)** Utinam ne scelerati patrem in tenebris noctis aggressi sint! → ☐ **d)** Velim mox e foro redeat!“ → ☐ **e)** Nicodemus: „Ne questa sis, Calpurnia! → ☐ **f)** Loquamur cum patre, cum e foro redierit! → ☐ **g)** Hodie pater tecum tempus agat! → ☐ **h)** Nunc studiis te da!“ → ☐ **i)** Calpurnia cum Nicodemo, cui credit, diu locuta est. **j)** Mores patris questa est. **k)** Tum Nicodemus Calpurniae consilia, quae pater molitur, ostendit. **l)** Denique Calpurnia Nicodemum, quocum libenter locuta est, in bibliothecam abeuntem secuta est.

8

Stadtleben – Landleben

Quondam rusticus[1] virum urbanum[2] accepit, vetus hospes[3] veterem amicum. Rusticus, qui paucis rebus contentus[4] in tecto parvo vitam duram agebat, multa moliebatur, ut amicum delectaret: Cicerones, acina arida, lardum[5] celeriter afferebat. „Experire eos cibos per aestatem carptos et collectos! Otio te da! Loquamur de vita tua et de vita mea!“

Vir autem urbanus cibos magno studio ab hospite allatos oculis superbis aspexit, ore superbo tetigit, manu superba reppulit. Tandem dixit: „Profectone te iuvat hic morari? Sequere me in urbem! Tibi polliceor vitam dulciorem, verum otium.“

Rusticus illis verbis excitatus amicum consecutus est. Cum media nocte domum praeclaram incessissent, vir urbanus convivium parari iussit. Amicos magna cupiditate cenantes subito vir ignotus aggressus est. Iste gladio amicis instans clamavit: „Praebete mihi omnes opes, quae in hac domo conditae sunt!“ Certe ambo ab isto fure interfecti essent, nisi eis contigisset pedibus celerrimis effugere.

Rusticus autem fassus est: „Otium tuum pati non possum. In tectum meum montanum[6] redibo. Ibi nemo opes meas appetet.“

[1]rūsticus Bauer [2]vir urbānus Städter, Stadtmensch [3]hospes, itis *m* Gastfreund, Gastgeber [4]contentus, a, um zufrieden [5]cicerōnēs, acina ārida, lārdum Kichererbsen, Rosinen, Speck [6]montānus *hier:* in den Bergen

Aufgabe 1
Markiere alle Deponentien im Text. Übersetze dann den Text ins Deutsche.

Aufgabe 2
Träume vom glücklichen Leben. Welche Schwerpunkte setzt der Bauer, welche der Städter, welche setzen die auf dem Gemälde dargestellten Personen? Wo findest du Unterschiede, wo Gemeinsamkeiten?

Pieter Breughel d. Ä.:
Das Schlaraffenland.
Um 1530. München, Alte Pinakothek.

Meinungsvielfalt

1

Suche die sieben Infinitive von Verben mit der Bedeutung „meinen“ und notiere sie in der rechten Spalte: 2 × →; 1 × ↑; 1 × ↓; 3 × ←

I	R	A	R	T	I	B	R	A	*
I	I	S	M	R	S	C	S	E	S
I	C	T	P	I	E	A	I	R	E
R	I	O	P	I	N	A	R	I	Q
E	R	A	M	I	T	S	I	X	E
R	S	S	E	N	I	U	S	U	U
U	P	U	T	A	R	E	V	M	I
D	E	E	E	R	E	S	N	E	C

1
2
3
4
5
6
7

Die nicht verwendeten Buchstaben ergeben jeweils von oben nach unten gelesen einen Lösungssatz:

Mutter Latein

2

Erkläre die folgenden Fremdwörter. Gib dabei jeweils das lateinische Ursprungswort an, das diesen Fremdwörtern zugrunde liegt, z. B.: *to move* → movere → bewegen

a) *opinion* **b)** *fountain* **c)** *spirit* **d)** *exstinguish* **e)** *mortal*

Streichkonzert

3

Streiche in jedem Satz das Verb, das nicht passt. Übersetze dann jeden Satz in den drei übrigen Varianten:

a) Calpurnia libenter in bibliotheca (**conatur** / **sedet** / **moratur** / **versatur**).
b) Nicodemum magistrum (**miratur** / **moritur** / **audit** / **sequitur**).
c) Cum Nicodemo libros philosophorum (**colloquitur** / **intuetur** / **quaerit** / **componit**).
d) Nicodemus (**opinatur** / **contendit** / **versatur** / **dicit**) animam immortalem non esse.
e) Calpurnia (**timet** / **veretur** / **metuit** / **proficiscitur**), ne dicta Epicuri vera sint.

Sprachgewandt

4

Das Verb **oriri** hat noch mehr Bedeutungen, als du gelernt hast. Übersetze mithilfe der folgenden Bedeutungen: *wächst – kommt auf – bricht herein – entspringt – stammt ab – entsteht – geht auf – beginnt.*

a) Clamor oritur. **b)** Ventus oritur. **c)** Fons oritur in monte. **d)** Sermo oritur. **e)** Sol oritur. **f)** Caesar a regibus ortus est. **g)** Nox oritur. **h)** Arbor oritur.

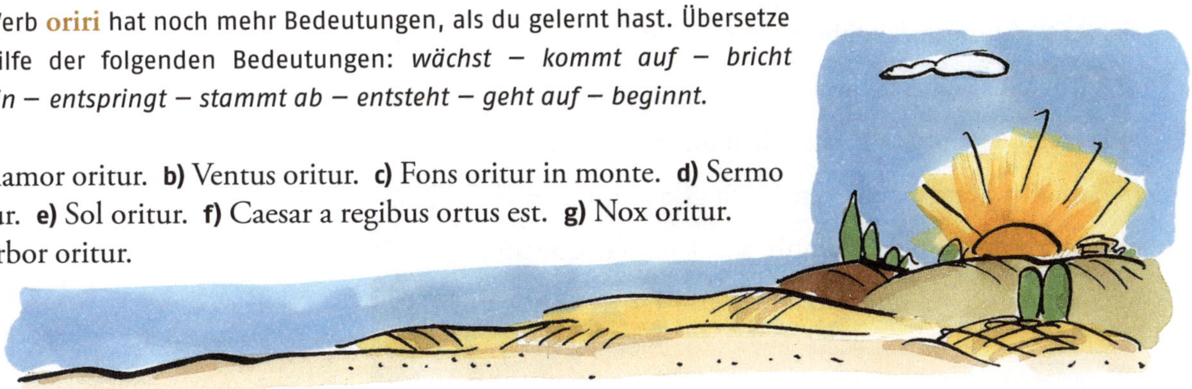

5 -ND- gut, (fast) alles gut!

a) Calpurnia in bibliothecam properat ad legendum.

....

b) Nemini licet Calpurniam in legendo turbare.

....

c) Cupida enim est naturam animae experiendi.

....

d) Etiam Nicodemum rogando multum experitur.

....

e) Caelum intuendo Calpurnia et Nicodemus naturam rerum cognoscere cupiunt.

....

f) Et a Nicodemo et a Calpurnia via naturam cognoscendi quaeritur.

....

g) Iterum atque iterum quaerendo Thales quoque verum invenire conabatur.

....

6 Noch alles OK mit dem PC?

Markiere zunächst alle Partizipien. Übersetze dann den Text.
Zuvor aber noch ein paar kleine Hilfen:
Das Zeitverhältnis in den Sätzen **a)** – **c)** ist **gleichzeitig**,
in den Sätzen **d)** und **e)** ist es **vorzeitig**.
Für die Sätze **f)** – **h)** empfiehlt sich die Übersetzung der Partizipien mit „in der Meinung", „aus Angst" bzw. „im Glauben".

a) Barbara Quintum exspectans in foro moratur.
b) Barbarae in foro versanti Gaius occurrit.
c) Dicit: „Quintum in taberna cum amicis colloquentem vidi."
d) Barbara iis verbis commota cum Gaio ad tabernam proficiscitur.
e) Profecto Quintus a Barbara iam diu desideratus in taberna sedet et vinum bibit.
f) Barbara: „Rata te mox venturum esse in foro versabar, Quinte.
g) Tum verita, ne quid mali tibi accideret, Gaium adii.
h) Is salutem tuam mihi curae esse arbitratus me huc duxit. Et tu, quid fecisti?"

Gibt es eine Seelenwanderung?

Vom Philosophen Pythagoras, der davon überzeugt war, dass die Seele unsterblich ist und von einem Lebewesen zum anderen übergeht, ist eine leidenschaftliche Rede überliefert, die er in Kroton (heute Crotone in Unteritalien) vor einem staunenden Publikum hielt:

Marmorbüste des Pythagoras. 1. Jh. n. Chr. Rom, Musei Capitolini. Die turbanartige Kopfbedeckung erinnert daran, dass Pythagoras in seiner Jugend nach Ägypten und Babylonien gereist sein soll, um bei den dortigen Weisen zu studieren.

„O mortales, vos hortor, ne carnem[1] animalium mortuorum cenantes scelus committatis!

Certe miramini verba mea. Conabor igitur vobis ostendere, qua ratione adducar ad eam sententiam!

Omnia mutantur, nihil perit. Anima quoque nostra huc et illuc errans tandem corpus alicuius animalis occupat. E corporibus animalium profectus humana in corpora transit inque corpora bestiarum redit – neque umquam solvitur, neque umquam denuo[2] oritur. Cum anima aeterna sit et saepe in aliud corpus transeat, in animalibus etiam anima alicuius amici mortui versari potest. Vereor, ne carnem cenantes animas parentum[3] aut fratrum violemus. Ergo parcamus omnibus animalibus! Ne cenemus cibos nefarios!

Naturam intuemini, quae omnia vobis offert. Ratione agite! Ne eos secuti sitis, qui opinantur hominibus tantum animas immortales esse!“

[1]carō, carnis *f* Fleisch [2]dēnuō *Adv.* von neuem [3]parentēs, um *m Pl.* Eltern

Aufgabe 1

Markiere alle Stellen des Textes, an denen du erkennen kannst, dass es sich um eine Rede handelt. Übersetze dann den Text ins Deutsche.

Aufgabe 2

Pythagoras und Thales müssten dir eher aus dem Mathematikunterricht als aus dem Lateinunterricht bekannt sein: Skizziere ihre großen mathematischen Errungenschaften und benenne sie.

1 Gegensätze ziehen sich an!

Finde zu jeder Vokabel das lateinische Gegenteil. Die vorgegebenen Buchstaben erleichtern dir die Aufgabe.

a) privatus ↔ _ _ b _ _ _ _ _

b) nasci ↔ _ o _ _

c) stultus ↔ _ _ p _ _ _ _

d) diversus ↔ _ _ r

e) negotium ↔ o _ _ _ _

f) antiquus ↔ _ o _ _ _

g) ultro ↔ _ _ v _ _ u _

h) consistere ↔ p r _ _ _ _ i _ _ _

2 Witte nicht verbechseln!

Finde jeweils die passende Bedeutung und schreibe ihre Ziffer hinter das lateinische Wort.

a) pars ☐ par ☐ paratus ☐ pare ☐ parum ☐

b) recte ☐ rege ☐ regi ☐ regni ☐ regio ☐ rēgi ☐

c) mora ☐ mors ☐ moraris ☐ mores ☐ mons ☐

1 TOD 2 TEIL 3 RICHTIG 4 GEHORCHE! 5 ZU WENIG 6 CHARAKTER 7 BERG 8 LENKE! 9 DEM KÖNIG 10 GLEICH 11 BEREIT 12 AUFENTHALT 13 DU HÄLTST DICH AUF 14 GELENKT WERDEN 15 GEGEND 16 DES REICHES

3 Sprachgewandt

a) Notiere zunächst die gelernten Bedeutungen von opus, opera, ops und opus est.

b) Kreuze danach in der Tabelle an, welches der drei Substantive in den Sätzen verwendet wurde, und übersetze die farbig markierten Ausdrücke passend zum Zusammenhang.

	opus	opera	ops	opus est
1 Certe opera Ciceronis cognovisti.	○	○	○	○
2 Magna opera servi murum augent.	○	○	○	○
3 Multi opes Croesi regis mirabantur.	○	○	○	○
4 Quis pauperibus opem fert?	○	○	○	○
5 Quid pauperibus opus est?	○	○	○	○
6 Severus plurimam operam in legibus ponit.	○	○	○	○
7 Quondam Carthago urbs opibus valuit.	○	○	○	○

Formvolle-ND-et

4

Bilde passend zum jeweiligen Substantiv Gerundivformen (z. B.: mulier (laudare) → laudanda) und übersetze die so entstandenen Ausdrücke.

a) exemplum (imitari) **b)** libri (legere) **c)** res (neglegere) **d)** virtus (mirari) **e)** officium (praestare) **f)** arma (remittere) **g)** hostes (expellere)

Ausdrucksstark

5

Finde treffende Übersetzungen für die folgenden Wendungen. Tipp: Hier passen die deutschen Suffixe *-lich*, *-wert* oder *-bar*.

a) libri legendi **b)** dolor non ferendus **c)** facta laudanda **d)** puella amanda **e)** fabula narranda **f)** sors non mutanda **g)** oratio audienda **h)** vox vix audienda

Dein Einsatz, bitte!

6

Vervollständige die Wendungen, indem du aus den folgenden Formen des Gerundivs die jeweils passende auswählst. Übersetze danach die so entstandenen Wendungen.

imitandis – reprehendendis – audiendis – agendam – augendas

a) voluptatem capere e fabulis ....

b) ad vitam beatam .... magnas opes quaerere

c) ad opes .... multos labores perferre

d) moribus quorundam philosophorum .... vitam beatam consequi

e) vitiis .... vitam rectam ostendere

Stilsicher!

7

Lies die folgenden Sätze über berühmte griechische Personen und streiche jeweils die grammatisch falschen Möglichkeiten durch. Übersetze dann den korrekten Satz.

a) Ulixes (Odysseus) celeriter e patria profectus est Troiam (peteret / petiturus / petendam / petendi). **b)** Hercules ab Eurystheo missus est ad leonem (occidat / occisurus / occidendum / occidendi). **c)** Orpheus in Tartarum descendit, ut Eurydicam (reduceret / reducturus / reducendum / reducendi). **d)** Socrates in foro versabatur hominis sapientis (quaerendi / quaesituri / quaereret / quaerendorum) causa. **e)** Quidam philosophi et opes suas et domum suam reliquerunt bene (victuram / viveret / vivendam / vivendi) causa.

Porträt des Sokrates auf Raffaels Gemälde „Die Schule von Athen". 1511. Rom, Vatikan.

8 Karriere als Last?

Pomponius, ein vornehmer und vielbeschäftigter Römer, zieht sich gerne auf sein Landgut in den Sabinerbergen, unweit von Rom, zurück und genießt es, mit benachbarten Bauern zu plaudern, die ihrerseits begierig sind, vom schicken Leben in der Hauptstadt zu hören.

Pomponius: „Quam beatus sum, ubi ex urbe in montes profectus sum! Hic nec malae operae nec caelum grave me perdunt. Hic locum ad quiescendum idoneum invenio; e sideribus tuendis voluptatem capio, cibis simplicibus[1] utor, deis par sine curis vitam privatam ago."

Titus: „Non intellego, cur ultro ad nos venias, cum in urbe et viris nobilissimis utaris amicis et ad convivia praeclarissima voceris?"

Pomponius: „Ne species te fallat! Cum nobili genere natus essem, pater mihi praecepit, ut exempla maiorum imitarer, in causis agendis versarer, summos honores peterem, negotia publica agerem. In urbe clientes[2] auxilium petentes iam prima luce me excitant, in viis me impediunt, ne progrediar, me ad convivia nocturna vocant, e quibus voluptatem non capio, sed cupiditatem quam celerrime in montes ad amicos veros proficiscendi."

[1]simplex, simplicis einfach [2]cliēns, ntis *m* der Schutzbefohlene

Aufgabe 1
Übersetze den lateinischen Text ins Deutsche.

Aufgabe 2
a) Suche jeweils eine passende Überschrift für die beiden Abschnitte des Textes (Z. 1–5 und Z. 7–10).
b) Pomponius träumt davon, sein Leben deis par sine curis zu verbringen. Welches philosophische Konzept steckt hinter diesen Formulierungen?

Aufgabe 3
Im Jahre 1745 begann der preußische König Friedrich der Große (1712-1786) einen Weinberg auf dem „Wüsten Berg" bei Potsdam anzulegen. Kurz darauf wurde dort ein „Lusthaus" erbaut, an dessen Südfront der Name *Sanssouci* (franz. *sans souci* „ohne Sorge") steht. Die Abgeschiedenheit und Stille waren mitbestimmend bei der Wahl des Standortes für dieses Sommerschloss. Der Name *Sanssouci* entspricht Pomponius' Traum vom idealen Leben. Suche im Übersetzungstext die lateinische Entsprechung für das französische *Sanssouci*.

108 Wortschatz

Kreuzadverbrätsel 1

Ergänze das Kreuzworträtsel mit den lateinischen Bedeutungen.

waagrecht: 2 schon – 3 jedoch – 4 lange – 7 bald – 8 freiwillig – 9 beinahe – 11 in der Nähe – 14 oft

senkrecht: 1 gern – 5 selbstverständlich – 6 wirklich – 10 von fern – 12 richtig – 13 damals

Wortkundig 2

Wiederhole bzw. erschließe jeweils ausgehend von der in der Klammer angegebenen Bedeutung des farbig gedruckten Verbum simplex die Bedeutung der Komposita.

a) mittere (schicken / lassen): admittere – amittere – permittere – promittere – remittere

b) fateri (bekennen): confiteri

c) capere (fassen / nehmen): accipere – incidere – suscipere – recipere

d) gradi (schreiten / gehen): aggredi – ingredi – regredi – progredi – egredi

Mutter Latein 3

Erschließe mit Hilfe deiner Lateinkenntnisse die Aufschrift auf dem nebenstehenden italienischen Schild:

Hilfe: *ai non addetti* ~ für die nicht Beteiligten

4

Dein Einsatz, bitte!

Vervollständige die Rede von Calpurnias Mutter mit den folgenden Buchstaben und übersetze.

SUNT – DA – AE – EST – NON – NDA – NDI – A

a) „Tibi mult.................... operae suscipiendae sunt.

b) Tibi mensa ornanda ....

c) Mihi cura domus remitte.................... non est.

d) Mihi liberi ale.................... sunt.

e) Tibi officia tua neglegenda .... sunt.

f) Tibi auctoritas maiorum tuen.................... est.

g) Mihi servi instruendi ....

h) Tibi consili.................... mea sequenda sunt."

Römische Wandmalerei. 1. Jh. v. Chr. Neapel, Museo Archeologico Nazionale.

5

Formenkundig

Markiere **rot** das Gerundium, **gelb** das attributiv gebrauchte Gerundiv, **blau** das prädikativ gebrauchte Gerundiv und **grün** den Dativus auctoris. Übersetze dann.

a) Calpurnia: „Cur nos feminae ad parendum et pariendum natae sumus? **b)** Cur causae vobis agendae sunt? **c)** Haec sors non mutanda mihi odio est. **d)** Cur haec sors mutanda non est? **e)** Tanta cupiditate res utiliores faciendi moveor!"

6

Sprachkompetent

Entscheide, welche Aussage(n) jeweils dasselbe bedeuten und kreuze sie an:

a) Liberi matribus laudandi sunt.	**1** Matres liberos laudare debent.
	2 Liberis licet matres laudare.
	3 Matres liberos laudare oportet.
b) Officia neglegere non debes.	**1** Officia tibi praestanda sunt.
	2 Officia neglegere tibi licet.
	3 Officia a te neglegi debent.
c) Liberis vinum bibere non licet.	**1** Liberis vinum bibendum non est.
	2 Vinum liberorum bibere non debemus.
	3 A liberis vinum bibi non debet.
d) Exempla maiorum imitari debemus.	**1** Nos exempla maiorum imitari oportet.
	2 Maioribus exempla imitanda sunt.
	3 Maiorum exempla nobis imitanda sunt.

Eine ideale, aber verzweifelte Mutter

Cornelia war die Mutter der Brüder Tiberius und Gaius Gracchus. Sie vermied es, Aufsehen in der Öffentlichkeit zu erregen. Durch die Erziehung ihrer Söhne im Sinne der römischen Ideale nahm sie aber durchaus Einfluss auf das politische Geschehen. Sie galt dadurch für andere römische Frauen als Vorbild. Im folgenden Brief warnt sie den einen ihrer Söhne, sich allzu sehr auf die Seite des verarmten einfachen Volkes zu stellen. Damit würde er den Frieden in der Republik gefährden.

In epistula tua scribis hostes plebis poena afficiendos esse. Odio tuo autem non solum nobiles, sed etiam totam rem publicam corrumpes. Tum posteris hostis improbus videberis. Nonne cupiditate pacem servandi moveris? Profecto scis, quam viam ingressus sis. Iam diu agitabam, quo modo consilia tua converterem; confiteor autem me adhuc ullam[1] rationem mentis tuae corrigendae[2] non invenisse.

Nemo mihi tantam iniuriam fecit, quantam tu et frater tuus. Tu omnia suscepisti, ut plebem adversus senatores excitares, frater actionibus vehementissimis nobiles reprehendit. Cum mihi et filii et patria curae essent, vos a pueris instruxi civibus Romanis exempla maiorum imitanda esse. Et vos? Num consilia mea secuti estis? Scilicet vobis neque salus rei publicae neque salus matris cordi est.

[1]ūllus, a, um irgendeiner, irgendeine, irgendein [2]corrigere verbessern

Aufgabe 1
Markiere alle nd-Formen im Text und bestimme sie. Übersetze dann den Text ins Deutsche.

Aufgabe 2
a) Markiere alle sprachlichen Belege, die darauf verweisen, dass es sich hier um einen Brief handelt. Achte dabei besonders auf Endungen von Prädikaten und auf Pronomina.
b) Suche zwei Substantive und zwei Verben, mit denen Cornelia das Verhalten ihrer Söhne missbilligt.
c) Unterstreiche den Ausdruck, mit dem Cornelia die ideale Einstellung eines Römers zum Staat beschreibt.

Aufgabe 3
a) Wie wird in dieser Skulptur das römische Frauen- und Männerideal zum Ausdruck gebracht? Achte auch auf die Kleidung der dargestellten Personen.
b) Erkläre, warum diese Darstellung der Cornelia zu ihrem Brief passt.

Cornelia und ihre Söhne. Marmorplastik von Pierre Jules Cavelier. 19. Jh. Paris, Musée d'Orsay.

Selbsttest zu den Lektionen 103–108

Bearbeite zunächst die Aufgaben. Vergleiche dann deine Antworten mit den Antworten im Lösungsheft. Dort findest du auch, wie viele Punkte du für jede richtige Antwort erhältst. Zähle die Punkte, die du für deine richtigen Antworten erhalten hast, zusammen und ermittle danach mit der Bewertungstabelle am Ende des Selbsttestes, wie deine Leistung zu bewerten ist.

1 quisque — 4 BE

Setze jeweils die richtige Form des Pronomens ein.

a) „Jeder ist sich selbst der Nächste." – Sibi .... proximus est.

b) „Wollen wir jedem das Seine zuteilen!" – Suum .... tribuamus!

c) „Gerade die älteste Freundschaft ist die beste." – Veterrima .... amicitia optima est.

d) „Was einem jeden am liebsten ist, das verteidigt er am meisten." – Quae .... carissima sunt, ea maxime defendit.

2 Partizip — 8 BE

Setze jeweils das passende Partizip ein.

a) Graeci Delphos (Delphi) petere consueverunt oraculum (Orakel) .... (adire).

b) Homines Delphos .... (pervenire) sperabant se sortem suam audituros esse.

c) Oracula (Orakelsprüche) a sacerdote Apollinis .... (accipere) saepe intellecta non sunt.

d) Saepe homines sortem a sacerdote .... (aperire) accipere noluerunt.

3 Ablativus absolutus — 6 BE

Erweitere die folgenden Sätze jeweils um den passenden Ablativus absolutus.

A Orpheo vehementer precante **B** Orpheo mire cantante **C** Orpheo Tartarum ingrediente
D Sole oriente **E** Eurydica interfecta

a) .... dolor magnus Orpheum incessit.

b) .... Orpheus in Tartarum profectus est.

c) .... inferi primo aequum animum ostendebant.

Ersetze jede Form von metuere durch die entsprechende von vereri. 5 BE

4

a) metues ……………………………… **b)** metue ………………………………

c) metuenti ……………………………… **d)** metuisse ………………………………

e) metuunt ………………………………

Gerundium und attributives Gerundiv 12 BE

5

Vervollständige die Sätze, indem du aus dem Kasten die jeweils richtige Form auswählst:

1 intuendis **2** experiendi **3** reprehendendum **4** imitando **5** colligendis **6** intuendorum

Der Philosoph Diogenes erklärt:

a) „Primo in forum veni mores hominum ……………………… causa.

b) Hic mihi tempus est hominum ………………………

c) Hominibus ……………………… haec cognovi:

d) Pudor homines non retinet ab opibus ………………………

e) Vitam canis (eines Hundes) ……………………… animos multorum hominum permoveo.

f) Haud raro mercatores aggrediuntur ad me verbis acribus ………………………"

Prädikatives Gerundiv 5 BE

6

Ergänze jeweils das prädikative Gerundiv.

a) Multitudo ……………………… non ……………………… (imitari).

b) Ira philosopho ……………………… (deponere).

c) Iniuriae ……………………… non ……………………… (ferre).

d) Vitia ……………………… (persequi).

e) Nemo ante mortem beatus ……………………… (dicere).

BE	40–35	34–29	28–23	22–17	16–11	10–0
Leistungsstand	sehr gut	gut	befriedigend	ausreichend	mangelhaft	ungenügend

1 Familienbande

Ergänze den Text sinnvoll mit den folgenden Verwandtschaftsbezeichnungen:

liberos – soror – fratribus – servis – nepos – uxor – pater – pater familias – filii – filia – avo – mater

a) Marcus Iulius Salvus senator .... est. **b)** Familia constat e consanguineis (Blutsverwandte) et .... **c)** Flavia est .... Iulii. **d)** Ei tres .... peperit. **e)** .... Marcus et Lucius nominantur. **f)** .... eorum Iulia vocatur. **g)** .... Iuliam imprimis amat, quia .... sola est. **h)** Praeterea Iulia iam .... est: **i)** Nam Gaium peperit, qui primus .... Marci Iulii Salvi est. **j)** Is non solum ...., sed etiam Marco et Lucio, ... Iuliae, maximae curae est.

2 Mutter Latein

Übersetze die folgenden farbig gedruckten englischen Wörter. Gib dabei jeweils das lateinische Ursprungswort an, das diesen Wörtern zugrunde liegt.

	lat. Ursprungswort	Übersetzung
a) CD-Player-Taste: **eject**		
b) „O.k., there is no **objection** to it."		
c) „No, I'm sorry, I have to **reject** your proposal (Vorschlag)."		

3 Sprachkundig

Die folgenden Fremdwörter sind vom lateinischen Gerundiv abgeleitet. Erkläre ihre Bedeutung.
Tipp: Denke an den Aspekt der Notwendigkeit!

a) Legende **b)** Agenda **c)** Amanda **d)** Proband

Plan A 4

Der Senator Mucius hat den folgenden Tagesablauf für sich festgelegt:

a) Nocte: Quiescendum est. **b)** Hora ultima ante lucem: Surgendum est. **c)** I–II: Legendum est. **d)** III–IV: Scribendum est. **e)** V: Corpus exercendum est. **f)** VI–VII: In thermis versandum est. **g)** VIII: Cum amicis domum redeundum est. **h)** IX–XI: Cenandum et bibendum est. **i)** XII: De crastinis (morgig) negotiis cogitandum est.

Plan B 5

Für seine Familie hat der Senator Mucius Folgendes festgelegt:

a) Liberis discendum est. **b)** Uxori primo convivio prospiciendum est, tum servis imperandum est. **c)** Servis quiescendum non est. **d)** Eis ad forum properandum est, ubi omnia ad cenam necessaria paranda sunt.

Testamentseröffnung 6

Damit du erfährst, was Mucius seinem Enkel Titus als letzten Willen übergibt, musst du zunächst die Gedanken des Mucius so ordnen, dass sinnvolle Sätze entstehen. Übersetze dann die Sätze.

Tibi trado …

A rem familiarem	B libros	C vineas	D servos
1 liberandos	2 curandas	3 legendos	4 augendam

Große Verantwortung 7

Mucius übergibt seinen Enkel Titus zusammen mit einem Brief in die Obhut seines alten Freundes Lucius.

a) Ergänze die Endungen des Gerundivums nach den Regeln der KNG-Kongruenz und übersetze:

b) Bestimme die Form discendi.

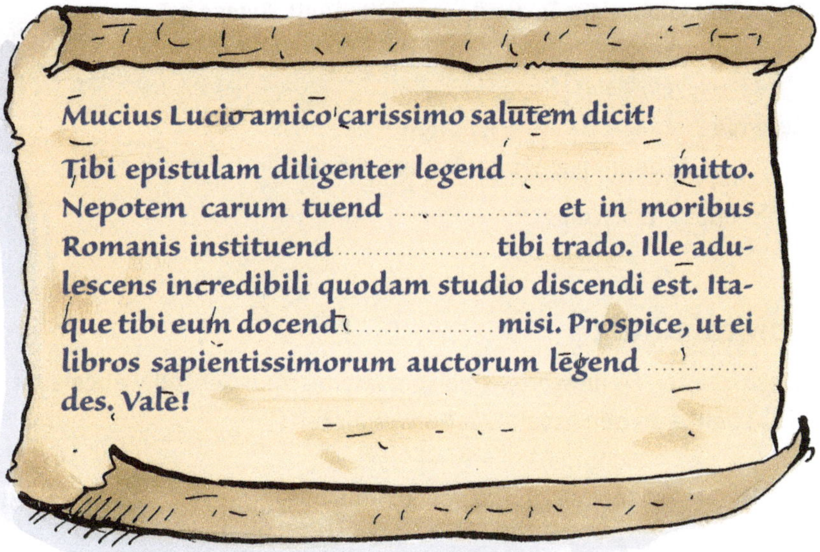

8 Viel zu tun in Stadt und Land

Lucius, der Freund des verstorbenen Mucius, informiert dessen Enkel Titus über die Pflichten eines Hausherrn (pater familias) in der Stadt und auf dem Landgut.

Lucius Tito suo salutem dicit!

Libenter audivi te omnia negotia urbis bene agere. Sic nomen gentis tuae tueberis, sic gloriam maiorum augebis. Sed tene memoria tibi etiam ruri multa officia perficienda esse. Nam haec quoque ad rem familiarem servandam pertinent.

Ubi ad villam venisti, primo tibi Lares[1] salutandi sunt, deinde villa circumeunda[2] est. Postea cum vilico[3] colloquendum diligenterque probandum est, an facta sint ea, quae ei facienda erant. Si omnia bene facta sunt, vilicus laudandus est, alioquin[4] monendus est. Neque vero eiciendus est minoribus peccatis[5] commissis.

Servi quidem tibi subiciendi sunt, neque vero crudeli poena afficiendi sunt. Per omne tempus, quo in villa versaberis, prospice, ut familia potentiam tuam sentiat.

Nonnullis diebus ruri actis vide, ut domum redeas! Tibi enim in foro agendum est, ubi acies animi et artes tuae reliquae desiderantur.

Spero te consilio meo instructum omnia bene facturum esse, quae patri familias facienda respiciendave sunt. Vale!

[1]Lārēs, um *m Pl.* Hausgötter [2]circumīre, circumeō um etw. herumgehen [3]vīlicus Verwalter [4]aliōquīn *Adv.* andernfalls [5]peccātum Fehler

Aufgabe 1

Unterstreiche die Verbformen, die verdeutlichen, dass der Text von dem berichtet, was der pater familias tun muss. Übersetze dann den Text ins Deutsche.

Aufgabe 2

Bestimme, um welche Textsorte es sich handelt. Belege deine Aussage am Text.

Aufgabe 3

Ordne die Abbildung einer der im Text genannten Aufgaben eines pater familias zu.

Bronzestatuette eines Laren. Gefunden in Weißenburg (Bayern). Um 200 n. Chr. München, Archäologische Staatssammlung.

Pärchenbildung

1

Bilde Gegensatzpaare.

amor – maiores – maritus – exstinguere – multi – parum – ridere – maior – posteri – uxor – accendere – minor – flere – odium – nimium – pauci

Bestimmungslos

2

Unterscheide die folgenden unbestimmten Fürwörter (Indefinitpronomina).

a) (non)nulli, ae, a **b)** omnis, e **c)** ceteri, ae, a **d)** quidam, quaedam, quoddam **e)** aliquis, aliquid **f)** quisquis, quidquid **g)** quicumque, quaecumque, quodcumque **h)** plurimi, ae, a

Orientierungssinn

3

Ordne die folgenden Ortsangaben richtig ein.

a) Romam **b)** unde **c)** in Creta **d)** ex urbe **e)** Romae **f)** ubi **g)** in Italiam **h)** ruri **i)** domum **j)** quo **k)** e Graecia **l)** domi **m)** de caelo

woher?	wo?	wohin?

Wortfeld „ius"

4

Übersetze die dir bekannten Wörter und erschließe die dir unbekannten (farbig gedruckten) Wörter:

a) iudex .... **b)** iudicare ....

c) ius .... **d)** iniuria ....

e) iustus .... **f)** iurare ....

g) coniuratio .... **h)** **iustitia** ....

i) **iniustus** .... **j)** **coniurator** ....

Redegewandt

5

Übersetze die folgenden Wendungen.

a) multa promittere **b)** nihil permittere **c)** aes alienum remittere **d)** vitam amittere **e)** neminem ad se admittere **f)** scelus committere **g)** libros remittere **h)** pecuniam committere

6 Formvollendet

Bilde die verlangten Formen von **quicumque**.
Beispiel: Abl. Sg. *f*: [?]cumque → **qua**cumque

a) Abl. Sg. *n* .... cumque
b) Gen. Pl. *f* .... cumque
c) Akk. Sg. *m* .... cumque
d) Nom. Sg. *n* .... cumque
e) Dat. Sg. *m* .... cumque
f) Akk. Pl. *f* .... cumque

7 Großes Vorbild!

a) Quodcumque fecisti, ego quoque faciam.
b) Cuicumque adfuisti, ego quoque adero.
c) Quemcumque reprehendisti, ego quoque reprehendam.
d) Cuiuscumque facta laudavisti, eius facta ego quoque laudabo.
e) Quacumque in terra moratus es, ego quoque morabor.
f) Quicumque tibi curae fuit, mihi quoque curae erit.

8 Gesucht und gefunden!

Wenn du die Genitive unterstreichst und dann der Reihenfolge nach die Anfangsbuchstaben liest, wirst du die Bezeichnung einer würdigen römischen Ehefrau und Mutter finden.

flammis – motus – cordi – actionis – turbae – coniugi – rei familiaris – licentiam – nepoti – iudiciis – ordinis – nimis – nimiae – domi – aetatis – patri

9 Fallstudie

Unterscheide jeweils die Verwendungen des Genitivs und übersetze.

a) auctoritas **senatorum** – pars **senatorum** **b)** numerus **liberorum** – mater **liberorum** **c)** studium **veri** – nihil **veri** **d)** nimium **libertatis** – spes **libertatis** **e)** dignitas **mulierum** – multitudo **mulierum** **f)** Quid **novi**? – cupidus **pecuniae**

10 Sprachgewandt

Übersetze die folgenden Sprichwörter:

a) Quidquid agis, prudenter (klug) agas et respice finem!
b) Quidquid id est, timeo Danaos (~ Graecos) et (~ etiam) dona ferentes.
c) Quisquis amat, valeat! Pereat, qui nescit amare!
Bis tanti (gleich zweimal) pereat, quisquis amare vetat!

Männer

Claudia und Licinia unterhalten sich:

Licinia: Ira maiorum accensa sum. Nam quodcumque reprehendimus, illi instituerunt. Profecto enim statuerunt, ut viris nimium licentiae, nobis autem parum libertatis esset!

Claudia: Recte dicis. Quodcumque facere volunt, viris licet. Nobis quippe neque magistratus neque iudicium adeundi licentia est. Ad audiendum tantum, non ad agendum admittimur.

Licinia: Ita est. At ecce! Ibi Fulvia venit. Nuper Marco nupsit. Ardeo audire, quae de vita uxorum narrare potest.

Claudia: Salve, Fulvia! E te quaerere volumus, qualis vita uxorum sit.

Fulvia: Nescio vitam et mores maritorum aliorum. Scio autem maritum meum et eum virum bonum aestimo. Nam me diligit, mea verba respicit, mea consilia persequitur. Itaque mihi non solum domi magna potentia est. Restat mihi dicere de illo munere, quod a deis spero: liberos parere.

Licinia: Conicio tibi sortem felicem esse. Nam certe scio magnam partem virorum domi eadem licentia uti qua in vita publica.

Fulvia: Satis verborum de licentia virorum! Quid novi de Terentia?

Aufgabe 1
Unterstreiche in der ersten Hälfte des Textes inhaltliche Anknüpfungspunkte an den Lektionstext 110 T. Übersetze dann den Text ins Deutsche.

Aufgabe 2
a) Bestimme, um welche Textsorte es sich handelt. Belege deine Aussage am Text.
b) Der Text lässt sich in zwei Hälften unterteilen. Wo ist der Einschnitt zu setzen? Begründe deine Aussage am Text.

Aufgabe 3
Betrachte die Abbildung. Warum kann es sich bei der Frau nicht um Fulvia handeln?

Relief auf einem römischen Sarkophag. 2. Jh. n. Chr. Paris, Musée du Louvre.

111 Wortschatz

1 Mitten ins Herz!

Trage jeweils die deutsche Bedeutung ins Herz ein.

a) malle
b) libet
c) potius
d) velle
e) nolle
f) voluptas
g) diligere
h) amare
i) praeferre
j) amor
k) voluntas
l) odium

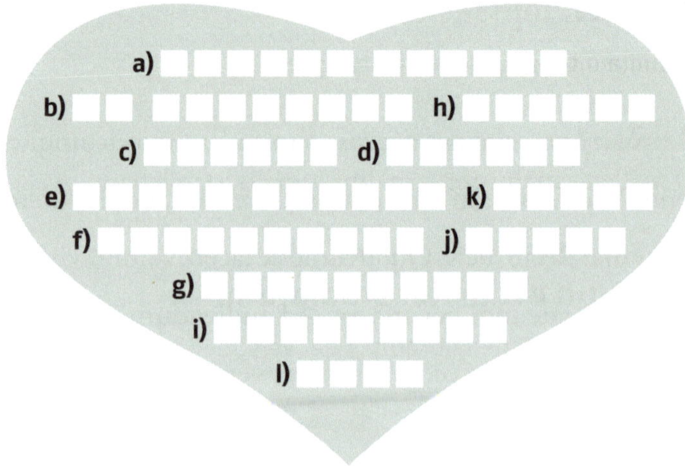

2 Leicht zu verwechseln!

Übersetze die folgenden Wörter und Ausdrücke, die alle mit den Buchstaben pri- beginnen.

a) privatus, a, um **b)** primo **c)** primum **d)** primus, a, um
e) prior, prioris **f)** priusquam **g)** prima luce **h)** princeps, principis

3 Ganz im Gegenteil!

Das Präfix in- (vor bestimmten Konsonanten auch im- oder ig-) bringt bei Adjektiven häufig das Gegenteil zum Ausdruck. Was bedeuten also die folgenden Adjektive?

a) infelix, icis **b)** ingratus, a, um **c)** incommodus, a, um **d)** invitus, a, um
e) indignus, a, um **f)** immortalis, e **g)** improbus, a, um **h)** impius, a, um
i) ignotus, a, um **j)** iniquus, a, um (⟷ aequus, a, um)

4 Fast nicht wiederzuerkennen!

Gib jeweils den Infinitiv Präsens Aktiv und die Bedeutung der folgenden Verbformen an.

	Infinitiv Präsens Aktiv	Bedeutung
a) sustulerunt		
b) ibo		
c) velim		
d) lati sunt		
e) nolam		
f) maluerat		
g) defuerit		

Reine Willenssache

5

Bestimme genau:

a) noluerunt – nolim – nolles – nolebat – noles – nolueratis – nolumus – non vis
b) mallet – maluisses – malint – malo **c)** volebam – velletis – volam – velis

Repetitio est mater studiorum.

6

Bilde die angegebenen Formen der verschiedenen Pronomina:

	is, ea, id	ille, illa, illud	hic, haec, hoc	qui, quae, quod
a) Akk. Sg. *f*				
b) Akk. Sg. *m*				
c) Gen. Sg. *m / f / n*				
d) Dat. Sg. *m / f / n*				
e) Gen. Pl. *m*				
f) Abl. Sg. *n*				
g) Nom. / Akk. Pl. *n*				
h) Akk. Pl. *f*				

Anschluss gesucht!

7

Markiere jeweils das passende Pronomen und übersetze:

a) Amicae multa verba de lege nova faciunt. (Quae / Quam / Qua) princeps mulieres alicui viro nubere cogit. **b)** Legem illam reprehendunt. (Quae / Quam / Qua) mulieribus adversa est. **c)** Terentia amica omne gaudium amisit. (Quae / Cui / Quod) maritus aliam mulierem praetulerat. **d)** Amicae de viris quibusdam colloquuntur. (Quos / Quorum / Quibus) nimium libertatis est.

Wichtig, wichtig!

8

a) Augusti intererat rem publicam restituere. **b)** Principis interest voluntatem senatorum respicere. **c)** Saepe dicebat: „Mea interest consilia vestra cognoscere. **d)** Nam principis refert rem publicam bene regere.“

Beinahe, fast, hätte, könnte, wäre ...

9

Übersetze jeweils den lateinischen Realis.

a) Numquam putavi! **b)** Meum est orationem facere. **c)** Longum est hoc narrare.
d) Melius est tacere. **e)** Paene tempus perdidimus. **f)** Hoc providere debui.

10 Themenwechsel

Licinia und Claudia reden über das neueste Gesetz des Kaisers Augustus:

Licinia manus ad caelum tollit: „Amica quaedam dixit legem novam principis omnium multum interesse. At eam oportebat istam legem diligentius legere. Ista enim lex principis mulieribus adversa est. Itaque istam iniquam duco.“

Claudia: „Rursus de ista lege dicere incipis! Hoc non putavi.
Modo ad templum Veneris ire voluisti.“

Licinia: „Quod facio una tecum. Sed mea interest in itinere multa dicere de …“

Claudia: „Malo dicere de Cornelia quam de ista lege. Meā enim sententiā magis tua refert exemplum Corneliae, filiae Publii Cornelii Scipionis Africani, victoris Hannibalis, sequi. Quae enim, postquam interrogata est, quae ornamenta ei essent, ‚Haec sunt ornamenta mea!‘ respondit duo(s) liberos ante se tenens. Quos Tiberio Sempronio Graccho nulla lege cogente pepererat. Quem solum ab ea dilectum esse hoc quoque demonstrat: Cuius post mortem vidua[1] vixit, quamvis nulla lege vetante iterum viro nubere potuisset.“

[1]vidua Witwe

Philipp Friedrich Hetsch: Cornelia und ihre Kinder. 18. Jh. Stuttgart, Staatsgalerie.

Aufgabe 1
Markiere zunächst alle relativen Satzanschlüsse im lateinischen Text. Übersetze dann den lateinischen Text ins Deutsche.

Aufgabe 2
„Cornelia era figlia di Scipione l'Africano, il vincitore di Annibale.“
Suche für diesen italienischen Satz die lateinische Entsprechung im Übersetzungstext. Worin unterscheiden sich die beiden Sätze?

Aufgabe 3
Identifiziere Cornelia auf dem Bild und begründe mit dem Text, warum nur die oben genannte Szene dargestellt sein kann.

Aufgabe 4
Vergleiche das Gemälde mit der Skulptur auf S. 61. Welche Gemeinsamkeiten, welche Unterschiede erkennst du?

Selbsttest zu den Lektionen 109–111

Bearbeite zunächst die Aufgaben. Vergleiche dann deine Antworten mit den Antworten im Lösungsheft. Dort findest du auch, wie viele Punkte du für jede richtige Antwort erhältst. Zähle die Punkte, die du für deine richtigen Antworten erhalten hast, zusammen und ermittle danach mit der Bewertungstabelle am Ende des Selbsttestes, wie deine Leistung zu bewerten ist.

Worauf ein Lehrer achten muss

Quisquis liberos docere vult, hoc cogitet!

Magistrum oportet cognoscere ingenia eorum, qui ei docendi sunt.

Itaque magistro multum temporis conferendum[1] est in experiendo, qui discipuli aut hortando aut reprehendendo movendi sint. Nam metus magistri non omnibus discipulis usui est, sed impedit, ne pars eorum bene discat. Magister neque ea neglegat, quae ei ipsi corrigenda[2] sunt, neque in dictis factisque discipulorum reprehendendis iniquus sit. Denique magistro auxilio parentium[3] opus est. Eis liberi quocumque modo hortandi sunt, ut magistros pariter diligant ac studia.

[1]cōnferre *hier:* verwenden [2]corrigere verbessern [3]parentēs, (i)um Eltern

1. Wo im Text findest du *verallgemeinernde Relativpronomina* bzw. *Substantive im Genitivus partitivus*? Unterstreiche die verallgemeinernden Relativpronomina grün, Substantive im Genitivus partitivus blau. 4 BE

2. Im Text findest du viermal einen *Dativus auctoris*. Markiere ihn jeweils farbig im Text. 2 BE

3. Kreuze an, wie oft im Text ein *attributives Gerundiv* verwendet wird.

1mal ○ 4mal ○ 10mal ○ 1 BE

4. Übersetze den Text in angemessenes Deutsch. 9 BE

5. Kreuze alle Aussagen an, die mit dem Inhalt des Textes übereinstimmen. 4 BE

a) Gute Lehrer müssen die unterschiedlichen Charaktere ihrer Schüler kennen lernen.	○
b) Manche Schüler sind durch Ermunterungen gut zur Arbeit zu bewegen.	○
c) Angst vor dem Lehrer hat noch keinem Schüler geschadet.	○
d) Ein guter Lehrer wird manchmal auch einen Schülerfehler vernachlässigen.	○
e) Ein Lehrer ist auch dazu da, die Fehler seiner Schüler zu verbessern.	○
f) Die Eltern sollten ihren Kindern Hochachtung vor den Lehrern und vor dem Unterrichtsstoff vermitteln.	○

BE	20–18	17–15	14–12	11–9	8–6	5–0
Leistungs-stand	sehr gut	gut	befriedigend	ausreichend	mangelhaft	ungenügend

112 Wortschatz

1 Durch-Blick!

Kombiniere die Wortbausteine richtig und übersetze:

a) a- -ari, or ......

b) con- ......

c) pro- spic -ere, io ......

d) re- ......

e) su(b)- -io, onis ......

2 Sachfeld „Wasser, Meer und Seefahrt“

Gib die Begriffe des Sachfeldes lateinisch wieder:

3 Witte nicht verbechseln!

Das Lexikon bietet dir folgende Stichwörter (sog. Lemmata): I. quaero II. quaeso III. queror.
Ordne die farbig gedruckten Formen dem richtigen Stichwort (Lemma) zu:

a) Ne questi sitis! **b)** Oro quaesoque te, ne queraris. **c)** Ne quaesiveritis! **d)** Quare quereris? **e)** Quaere, quaeso, magistrum! **f)** Sunt verba, quae flecti (konjugieren) non possunt, velut „inquam“, „quaeso“, „aio“.

4 Chauffeur oder Passagier?

Bei aktiven Formen von vehere bewegst du **etwas / jemanden** fort, d. h. bist du Chauffeur. Bei den passiven (bzw. medialen) Formen von vehi hingegen bewegst du **dich** fort, bist du Passagier. Unterscheide genau und übersetze:

a) Homines nave vehis. **b)** Nave veheris. **c)** Quare non carro vectus es? **d)** Nemo carrum vexit. **e)** Legati celerius equis vecti sunt. **f)** Itaque nemo carro vectus est.

Formenvielfalt

5

a) Ordne die folgenden Verbformen richtig ein:

veherem – vehor – suspicaris – venias – quaesiverim – iuvent – fuero – contendam (2) – persuadeant – vectus essem – vereris – vellem – accuset – potuerim – aggredieris

Indikativ (alle Zeiten!)	Konjunktiv			
	Präs.	Impf.	Perf.	Plusqpf.

b) Setze alle Formen des Konjunktiv Präsens in die entsprechenden Formen des Konjunktiv Perfekt.

Alles Konjunktiv

6

Übersetze und ordne die farbig markierten Konjunktive richtig in die Tabelle ein.

a) Nemo credat magistrum navis iustum esse. **b)** Utinam tempestas vehemens ne oriatur! **c)** Ne magistros riseritis! **d)** Statim omnes taceant! **e)** Hanc suspicionem fugiamus! **f)** Consilio plus efficias quam ira.

Hortativ	Prohibitiv	Jussiv	Optativ	Potentialis

Sprachkompetent

7

Übersetze und erkläre den unterschiedlichen Gebrauch der Modi Indikativ und Konjunktiv bei den farbig markierten Verbformen:

a) Discipuli ad magistrum: „Ne id quaesiveris, magister! **b)** Nemo enim id scit. **c)** Nemo enim id sciat. **d)** Nos omnes id sciremus, si verba tua diligenter audivissemus.“

„Frauengespräche“

8

Licinia und Claudia treffen ihre verheiratete Freundin Tullia. Natürlich dreht sich das Gespräch um Männer. Übersetze und achte genauestens auf die Modi / Tempora:

a) Tullia: „Videtisne illum virum, qui ibi stat? Nisi mihi maritus iam esset, ille mihi placeret.“ **b)** Licinia: „Claudiam bene cognovi. Cui ille placeat. Quis hoc dubitet?“ **c)** Claudia: „Tace! Nemo hoc tibi crediderit. Illum numquam deligerem. **d)** Sed quid de te, Licinia? Nonne tales viros diligis? An Marcus tibi magis placet?“ **e)** Licinia: „Neminem magis laudaverim quam te, si silentium serves.“ **f)** Tullia: „Si tacuissetis, vos ambae philosophae (!) mansissetis.“

9 Verloren gegangenes Pfand

Während Licinia und Claudia vor der Basilica warten, erlahmt das Gespräch zuerst. Doch dann erinnert sich Claudia an einen Fall, der der „Meeresgeburt" aus der Erzählung des Marcus nicht ganz unähnlich ist:

Claudia: Nunc finem narrandi faciamus! Dicat aliquis feminas nihil agere nisi colloqui.

Licinia: Ego quidem finem facere nolim. Narra, quaeso, aliam causam!

Claudia: Mmh. Haec causa tibi placeat: Magister[1] parvae navis saepe homines per aequor vexit. Sed repente aere alieno oppressus mercatorem quendam oravit, ut sibi pecuniam crederet[2]. Quam cum magister ad diem[3] non redderet, suspicio mercatoris orta est illum pecuniam debitam solvere non iam posse. Tu, Licinia, dicas rem eiusmodi saepissime accidere.

Sed iste mercator magistro imperavit, ne illa nave vehi pergeret. Immo mercator magistrum navem in ripa retinere coegit.

Licinia: Hoc de isto mercatore dixerim: Non humanitas eum impulerit, sed … avaritia!

Claudia: Audi et cetera! Tempestate repente ortā illa navis ablata est fluctibus aequoris. Quid sentis? Quis cui quid solvere debet?

Licinia: Iudex iudicaverit magistro pecuniam creditam solvendam esse. Sed mercator magistro auxilio venire debeat, ut ille navem novam sibi paret.

[1]magister, trī *hier:* Kapitän [2]crēdere *hier:* als Kredit geben [3]ad diem termingemäß

Aufgabe 1

Laut Überschrift geht es im Text um ein Pfand. Suche alle Wörter, die zum Sachfeld „Geld / Schulden / zahlen" gehören. Übersetze dann den Text ins Deutsche.

Aufgabe 2

Ein Rechtsfall ist oft eine vertrackte Angelegenheit. Deshalb ist Vorsicht geboten! Woran erkennst du, dass Licinia und Claudia bei ihren Äußerungen vorsichtig, zum Teil abschwächend formulieren? Sammle die entsprechenden Wörter.

Aufgabe 3

Gib den obigen Rechtsfall in einer modernen Fassung wieder, indem du das kleine Schiff z. B. durch ein Taxi ersetzt. Wie würdest du diesen Rechtsfall dann entscheiden?

Steuermann am Heck eines Frachtschiffes. Römisches Relief. 113 n. Chr. Rom, Museo della Civiltà Romana.

113 Wortschatz

Wortkundig

1

Scisne haec verba? – Scilicet!

a)	S								Aufwand, Kosten
b)	C								günstig, angenehm, angemessen
c)	I								die Feindseligen
d)	L								Lob (Pl.), Lobsprüche
e)	I								ich erreiche, setze durch
f)	C								Hals
g)	E								er vertreibt, wirft hinaus
h)	T								Heb auf!

Keine Zwillinge!

2

Übersetze und erkläre den Unterschied zwischen ambo, uterque und alter … alter:

a) Ambo liberi eiusdem patris et eiusdem matris sunt. **b)** Sed uterque alia aetate natus est. **c)** Alter eorum enim natus est ante Christum natum, alter post Christum natum.

An-strengend

3

Analysiere jeweils die Verwendung von „an“ und übersetze:

a) A: „Utrum ego fortior sum an tu es fortior?

b) Quare taces? Respondesne tandem an non?

c) Scire velim, utrum tu fortior sis an ego.“

d) B: „Nescio, an fortior sim.“

e) A: „An stultissimus es?“

Sprachgewandt

4

Übersetze die folgenden Sprüche rund um fieri.

a) Nihil sine causa fit. **b)** Ex nihilo nihil fit. **c)** Volenti non fit iniuria. **d)** Quod tibi fieri non vis, alteri ne feceris! **e)** Nati sunt poetae, oratores (Redner) fiunt. **f)** Dixitque Deus: „Fiat lux.“ Et facta est lux. **g)** Factum infectum (ungeschehen) fieri non potest. **h)** Qui fit, ut plerique vitiorum suorum ignari sint?

5 Gestaltwechsel

Wie FIT bist du bei **fieri**? Bilde jeweils die entsprechende Form im Aktiv bzw. Passiv.

Aktiv		Passiv	Aktiv		Passiv
a) facis	→		**f)**	←	facta sunt
b)	←	fimus	**g)** efficit	→	
c) faciebant	→		**h)**	←	interficerentur
d)	←	fieretis	**i)** faciat	→	
e) faciemus	→		**j)**	←	perfectum erat

6 Wortwechsel

Ersetze die farbig markierten Verbformen durch die entsprechende Form von **fieri**. Übersetze dann:

a) Iniuriae ne **committantur**! **b)** Haec scelera ab illo viro **commissa sunt**. **c)** Consilium **habetur**. **d)** In curia saepe consilia **habebantur**. **e)** Clamor **orietur**. **f)** Clamores **orti erant**.

7 Verständigungsschwierigkeiten

Der Lehrer gibt den Schülern Anweisungen. Diese tun aber so, als hätten sie nicht genau verstanden, und wiederholen die Anweisungen jeweils als Deliberativ:

Beispiel: Magister: Mihi **parete**! → Discipuli: Quid faciamus? Num **pareamus**?
Was sollen wir tun? Sollen wir etwa gehorchen?

a) Statim mihi **respondete**!

b) Sententiam verborum meorum **cognoscite**!

c) Labores **perferte**!

d) Bono animo **este**!

8 Hin und her gerissen

a) Nescio, an verba Latina repetam. **b)** Utrum verba Latina repetam an domum relinquam, ut amicas conveniam? **c)** Amicas conveniam an basilicam petam, ut ornamenta spectem? **d)** Nihilne agam quam ornamenta spectare an ornamentum pulchrum emam? **e)** Ornamentum meo sumptu an sumptu patris mihi parem? **f)** Nunc scio, quid faciam! Verba Latina repetam, ut magister et pater contenti sint. **g)** Tum mihi sumptu patris ornamentum pulchrum emere licebit.

Nächtlicher Zweikampf

Die jungen Damen haben immer noch nicht genug von Marcus' Rechtsfällen. Sie drängen ihn, einen Fall nach dem anderen zu erzählen:

Marcus: Quid dicam? Iterum atque iterum utraque vestrum[1] me impellit, ut narrare pergam. Sed profecto non iam scio, quid vobis respondeam.

Licinia: Semper iniuriae fiebant, semper fiunt fientque. Quam ob rem fieri non potest, ut non habeas, quid respondeas.

Marcus: Bene! Fiat voluntas tua! Optatum impetravisti.

Licinia: Magna laude dignus es, Marce.

Marcus: Tabernarius[2] quidam nocte, ut saepe fit, lucernam[3] ante tabernam posuerat. Quam sceleratus praeteriens abstulit. Sed tabernarius furtum scelerato ignaro animadvertit. Quam ob rem tabernarius sceleratum secutus est lucernamque repetebat. Iste autem irascens tabernarium tam vehementer reppulit, ut paene collum eius frangeret. Mox autem alter homo vultu infesto aggreditur sceleratumque ita laedit, ut ille oculum amittat.

Postea iste homo nefarius – quis id credat? – tabernarium accusavit. Quid iudex faciat?

Claudia: Iudex quaerat, an tabernarius iste primus aggressus sit. Si minus[4] tabernarius minime in culpa est. Sceleratus ab iudice nihil impetrabit.

[1]vestrūm *hier:* Gen. Pl. [2]tabernārius Wirt [3]lucerna Lampe [4]sī minus andernfalls

Aufgabe 1

Unterscheide genau: Wo findest du im obigen Text Konjunktive in der Verwendung eines Deliberativ, wo in der Verwendung eines Potentialis? Gib die Zeilen bzw. Verbformen an. Übersetze dann den lateinischen Text ins Deutsche.

Aufgabe 2

a) Betrachte in Z. 7–12 das Tempusprofil und versuche dadurch Rückschlüsse auf die Abfolge der Handlung zu ziehen.

b) Wie wird in diesen Zeilen das häufige Hin und Her von Aktion und Reaktion deutlich?

Aufgabe 3

Auf dem Bild siehst du die Behandlung eines Kranken durch einen Arzt. Wohin hätte der Verletzte des obigen Textes gehen können, um medizinische Hilfe zu finden? Informiere dich in einem Lexikon oder ggf. im Internet.

Griechisches Relief. 4. Jh. v. Chr. Athen, Archäologisches Nationalmuseum.

114 Wortschatz

1 Memory

Ordne die passenden Paare zu:

1 requirere	B (aus)strecken, spannen, sich anstrengen	4 repetere	I berühren, gelingen	8 continere	9 tendere
E behalten, festhalten, zurückhalten	3 retinere	C sich anstrengen, kämpfen; eilen; behaupten	D aufsuchen, sich erkundigen, verlangen	7 contendere	G ausnehmen, eine Ausnahme machen
A festhalten, enthalten	2 dividere	6 excipere	H (zurück) verlangen, wiederholen	F teilen, trennen	5 contingere

2 Wortkundig

a) Übersetze die folgenden Orts- und Richtungsangaben und füge sie in die richtige Spalte ein.

hic – illuc – hinc – quo – istic – eo – huc – illic

Woher?	Wo?	Wohin?

b) Leite nun die folgenden Wörter ab: illinc – istuc – istinc

3 Mutter Latein

Erkläre die folgende Aufschrift, indem du alle englischen Wörter, bei denen es möglich ist, auf ihr lateinisches Ursprungswort zurückführst.

....

....

....

Aus 2 mach 1!

4

Übersetze zuerst immer links die Version **A** (Satz mit Parenthese), erst dann die Version **B**:

Version A (mit Parenthese)	Version B (verschränkter Relativsatz)
a) Gripus – eum servum fuisse puto – tibi non ignotus est.	Gripus, quem servum fuisse puto, tibi non ignotus est.
b) Gripus – de eo te iam audivisse scio – piscator (Fischer) erat.	Gripus, de quo te iam audivisse scio, piscator erat.
c) Gripus – nomen eius toto orbe terrarum non ignotum esse contendo – vidulum (Koffer) invenerat.	Gripus, cuius nomen toto orbe terrarum non ignotum esse contendo, vidulum invenerat.
d) Vidulum – eum magnam pecuniam continuisse arbitror – e mari exceperat.	Vidulum, quem magnam pecuniam continuisse arbitror, e mari exceperat.
e) Postremo autem aurum – id in vidulo fuisse iam scitis – divisum est.	Postremo autem aurum, quod in vidulo fuisse iam scitis, divisum est.

Alles relativ

5

Setze das passende Relativpronomen in die entsprechende Lücke ein und übersetze:

quae – quas – quam – quem

a) Claudia et Licinia ante basilicam Iuliam Marcum, ... fratrem Terentiae esse sciunt, aspiciunt.

b) Virgines Marci fabulas, ... veras esse putant, libenter audiunt.

c) Sed illi fabulae, ... Plautum auctorem composuisse arbitrantur, aures non dant.

d) Itaque eum rogant, ut de iudiciis, ... in basilicā Iuliā facta esse constat, narret.

6 „Seewurf"

Da den Kofferstreit, von dem Marcus erzählte, der Komödiendichter Plautus erfunden hatte, möchten Claudia und Licinia nun wissen, ob es nicht einen vergleichbaren Fall aus der Wirklichkeit zu berichten gebe.

Marcus: Audite de mercatore quodam, quem nuper iter per mare fecisse amici mihi narraverunt! Navis eius repente tempestate saevā correpta est. Magister navis[1] summa vi tetendit, ut ad litus, quod prope esse sciebat, perveniret. Sed frustra!

Hinc omnes res graviores de nave éici iussit. Eo et ille mercator vidulum[2] suum, quem ingentem vim auri continere ceteri nesciebant, in mare de-mittere coactus est.

Post tempestatem mercator illud litus requisivit vidulum quaesiturus. Sed piscator[3] quidam vidulum e fluctibus exceptum domum iam portaturus erat. Mercator hoc viso a piscatore poposcit, ut sibi vidulus, quem suum esse confirmavit, redderetur.

Nunc dicite, vos ambae, cuius vidulus factus sit!

Claudia: Quid dicam? Nescio.

Licinia: Ego equidem illum thesaurum[4] ambobus dividendum esse iudicaverim.

Marcus: Sed iudex iudicavit illum vidulum thesaurum non esse. Nam aurum sive argentum, cuius memoria adhuc exstat[5], thesaurus non est. Praeterea vidulus mercatore invito e nave eiectus erat. Eo vidulus piscatori erat reddendus.

Claudia: Equidem spero piscatorem mercedem accepisse.

[1]magister nāvis Kapitän [2]vīdulus Koffer [3]piscātor, ōris *m* Fischer [4]thēsaurus Schatz
[5]exstāre, exstō vorhanden sein, existieren

Aufgabe 1

a) Markiere alle Zeit- und Ortsangaben, die die Erzählung von Marcus (Z. 1–9) strukturieren.
b) Für die Entscheidung des Rechtsstreites ist entscheidend, ob der Kaufmann auf dem Schiff freiwillig handelte oder nicht. Unterstreiche die Wörter im Text, die einen Zwang ausdrücken.
c) Übersetze nun den lateinischen Text ins Deutsche.

Aufgabe 2

a) Gib mit lateinischen Worten diese Szene wieder.
b) Du weißt, wie der Richter dieses „Tauziehen" entschieden hat. Wie hättest du entschieden?
c) In Z. 12 und 13 wird beschrieben, wann der Begriff „Schatz" fehl am Platz ist. Informiere dich z. B. im Internet, wann man juristisch von einem „Schatzfund" sprechen kann.

Methodenkompetent

Die sieben Lernwörter von Lektion 115 sind ideal für eine kleine „Methodenauffrischung“: Denn „bis zu sieben Stoffbausteine ... kann das Gedächtnis behalten.“ (Campus B1, S. 155: M4). Aus den sieben neuen Vokabeln dieser Lektion ist im Folgenden eine kleine Geschichte gebastelt. Denn „eine wirkungsvolle und meist recht unterhaltsame Methode, Ordnung sogar in völlig zusammenhanglose Einzelteile zu bringen, ist die Geschichtentechnik.“ (Campus B1, S. 170: M11).

„Ein **eleganter** und **wohlhabender** Händler unternahm eine Reise.
Aber Verbrecher beabsichtigten eine **grauenvolle** Untat.
Sie raubten sein Hab und Gut. Weil die Beute aber gering war,
begannen sie zu **wüten** und alles zu **zerreißen**.
Wegen ihrer **Grausamkeit** wurden sie später
in aller Öffentlichkeit grausam bestraft.“

Jetzt hast du zwar eine passende Geschichte, doch was ist mit den lateinischen Wörtern? Hier können Fremd-, Lehnwörter, Vokabeln anderer Sprachen und vor allem Eselsbrücken weiterhelfen (Campus B1, S. 159: M6). Ergänze mit ihrer Hilfe die Lücken in der folgenden Tabelle:

elegans, elegantis	Fremdwort	**elegant** = erlesen und ....
locuples, locupletis	Wortbestandteile / Eselsbrücke	**locu**s (thesauro) com**ple**tus → reich und ....
dirus, a, um	Eselsbrücke	**ira** ist immer **dira** → schrecklich und ....
saevire, saevio	Wortfamilie	**saevus, a, um** (schrecklich, ...) → wüten und ....
lacerare, lacero	Eselsbrücke	ein Laken zerreißen und ....
crudelitas, atis *f*	Wortfamilie / Fremdsprache	**crudel**is, e (**grau**sam) / e. *cruelty* → ....
coram *Adv. / Präp. m. Abl.*	Eselsbrücke	**In Gegenwart von** Cora (einer feschen Dame!) sperren alle die Münder *(ora)* auf. → ....

Nachdem du dir den neuen Wortschatz erarbeitest hast, solltest du eigentlich auch die fehlenden Wörter in der lateinischen Übersetzung der obigen Geschichte korrekt ergänzen können:

a) Mercator quidam, vir ele............ et l............es, iter fecit. **b)** Scelerati autem facinus d............um cogitabant. **c)** Bona eius rapuerunt. **d)** Cum praeda parva esset, s............ ev............ et omnia ....cerare coeperunt. **e)** Postea propter cr............tatem ....ram public............ poenā crudeli affecti sunt.

2 -nd- ist nicht -nd-!

Nicht alle Wörter, die ein **-nd-** enthalten, sind auch wirklich **nd**-Formen. Streiche zunächst alle Formen durch, bei denen das **-nd-** zum Wortstamm gehört. Nenne danach bei den verbleibenden **nd**-Formen jeweils die Lernform samt Bedeutung.

a) defendi		**g)** contendendo	
b) respondes		**h)** condo	
c) defendendo		**i)** respondendi	
d) respondi		**j)** conduci	
e) condendis		**k)** contendi	
f) defendo		**l)** retinendi	

3 Sprachkompetent

Gib jeweils in der Klammer an, welche Verwendung der **nd**-Form vorliegt:

1 Gerundium | **2** Gerundivum – attributiv | **3** Gerundivum – prädikativ (persönlich) | **4** Gerundivum – prädikativ (unpersönlich) | **5** Gerundivum (bei Vollverb)

a) Ius semper nobis **servandum** (3) est. **b)** Nonnullis magistratibus et ius senatum **convocandi** (1) et ius cum populo **agendi** (1) erat. **c)** Iuri semper **parendum** (4) est. **d)** Haec iura princeps civibus **servanda** (5) tradidit. **e)** In iure **dicendo** (2) princeps ipse non semper iustus erat.

4 So nicht, Vedius Pollio!

Vedius Pollio war es gewohnt, bei ihm in Ungnade gefallene Sklaven an seine Fische zu verfüttern. Ergänze bei der Standpauke, die Augustus ihm hält, die Endungen, die der Princeps in seinem Zorn „verschluckt" hat. Übersetze dann den Text.

a) „Etsi apud te saepe et bene cenavi, Pollio, crudelitatem infand........... tuam non tolerabo.

b) Ille servus, etsi omnia crustallīna (Glasgefäße) elegantia fregisset, istis monstris diris obiciend........... non esset.

c) Ne in vindicand........... modum transieris! Ne nimis saevias!

d Sic ego coram amicis tuis impero: Servus tuus tibi sine poena dimittend........... est.

e) Sed omnia crustallīna tua servis tradas frangend........... .

f) Et tu, Pollio, sume tibi tempus ad cogitand........... ."

Massenmord *ex more*?

Ein Mordfall löst große Betroffenheit in Rom aus. Lucius Pedanius Secundus, der praefectus urbi, also der vom Kaiser eingesetzte Oberbürgermeister Roms, wurde von einem seiner Sklaven ermordet. Aber nicht der Mordfall, sondern seine Konsequenzen erzürnen das Volk. Marcus und seine beiden Freundinnen werden Zeugen von turbulenten Straßenszenen:

Licinia: Scisne tu, Marce, cur isti homines in vincula dati sint et coram populo per vias trahantur? Cur populus ita saevit, ut multis militibus turba saevientium retinenda sit?

Claudia: Cur turba clamat: „Isti servi culpā carent.“ – „Inter servos parvi liberi sunt. Aetas eorum neglegenda non est.“ – „Si servi poenā afficiendi sunt, tamen vincula servarum solvite! Feminis quidem parcendum est.“ – „Cur propter facinus et crudelitatem unius servi omnes con-servi et con-servae supplicio afficiendi sunt?“ Tu, Marce, dic nobis, quid hae voces populi significent[1].

Marcus: Certe de nece Pedanii audivistis. Omnes sciunt, quam locuples praefectus urbi[2] fuerit. In domo eius eleganti quadringenti[3] servi serviebant. Unus autem ex iis ad aliquam iniuriam vindicandam in cubiculum domini invasit eumque quiescentem laceravit. More maiorum familia omnis, quae sub eodem tecto habitavit, ad supplicium agenda est.

Licinia: Qui mos dirus tolerandus non est!

Marcus: Senatui placuit istum morem mutandum non esse. Senatores enim censent con-servos culpa omnino non carere. Certe sciebant, quid iste servus nefarius commissurus esset. Sed nemo dominum defendit, nemo opem tulit. Itaque omnem familiam in cruce necandam esse senatui placuit, ut alii servi a facinoribus futuris metu prohiberentur.

[1]sīgnificāre bedeuten [2]praefectus urbī s. Einleitungstext [3]quadringentī, ae, a vierhundert

Aufgabe 1

Unterstreiche alle nd-Formen des Textes. Verwende dabei die Farbe Rot für attributives Gerundiv, die Farbe Blau für prädikatives Gerundiv. Falls es sich – bei intransitiven Verben – um eine unpersönliche Konstruktion handelt, unterstreiche doppelt.

Aufgabe 2

a) Liste zunächst die Argumente von Gegnern und Befürwortern der Massenhinrichtung auf.

b) Schlüpfe dann in die Rolle eines Senators, der die Senatsentscheidung nicht mittragen möchte, und formuliere aus seiner Sicht drei Argumente, die die Massenhinrichtung verhindern sollen.

Kreuzigung – diese wohl grausamste Art der Hinrichtung war Staatsverbrechern und Sklaven vorbehalten.

1 Doppeltes Lottchen

Ordne mit Pfeilen richtig zu:

1	aut … aut
2	alius … alius
3	et … et
4	non solum …, sed etiam
5	sive … sive
6	neque … neque
7	modo … modo

A	sei es (dass) … sei es (dass)
B	manchmal … manchmal
C	entweder … oder
D	sowohl … als auch
E	weder … noch
F	der eine … der andere
G	nicht nur …, sondern auch

2 Sachfeld „Kunst"

Wiederhole die folgenden Vokabeln, indem du ihre Bedeutung unter ihnen notierst.

ars

……………………………………

imago

……………………………………

simulacrum

……………………………………

signum

……………………………………

statua

……………………………………

tabula

……………………………………

ornare

……………………………………

imitari

……………………………………

3 Täuschungsmanöver!

Übersetze jede Form und sortiere die Perfektopräsentien aus:

a) maluisti – memoravit – metuerunt – meminerunt – mutavi – munivimus
b) negaveram – nolueras – noverant – nominaverat – neglexeramus – nupseratis
c) odio fuissem – obtulisses – orti essent – occurrisset – odissetis
d) constituerunt – constiti – consuluisti – consuevimus – consecuti estis

4 Sprachkundig

Qui: Ein Wort, aber fünf Übersetzungen!

a) Dic mihi, **qui** id fieri possit? **b)** Dignus es, **qui** lauderis, quippe **qui** omnia bene feceris.
c) Nemo est, **qui** id contendat. **d)** Sed sunt, **qui** id negent.

Perfektopräsentien-Domino

5

Die Dominosteine müssen so geordnet werden, dass bedeutungsgleiche Verbformen / Wendungen aufeinander folgen. Welche Zahlenfolge ergibt sich, wenn man mit Stein 1 beginnt?

Stein		
1	memini	novit
2	memoria teneret	scimus
3	meminerant	novero
4	memoria tenebo	memoria teneo
5	scit	memoria tenebant
6	sciam	meminisset
7	sciebam	meminero
8	novimus	noveram

Zahlenfolge:

1							

Gegensätze ziehen sich an!

6

Ersetze jede Form von **nescire** und **amare** durch die entsprechende Form von **cognovisse** bzw. **odisse**:

a) nesciebam		**f)** amemus	
b) nescietis		**g)** nescirent	
c) amarem		**h)** amo	
d) nesciunt		**i)** nescias	
e) amabis		**j)** amabatis	

Nebensinnig

7

Übersetze mündlich und kreuze jeweils den passenden adverbialen Nebensinn des Relativsatzes an. Manchmal hilft es zu prüfen, ob das Relativpronomen jeweils durch **KA**usales cum *(weil)*, **KO**nsekutives ut *(dass, sodass)* oder **FI**nales ut *(damit)* ersetzt werden kann:

Nebensinn	KO	FI	KA
a) Iste magister, qui discipulos torqueat, multis odio est.			
b) Discipuli, qui istius facinora non iam ferant, consilium capiunt:			
c) „Mittemus, qui apud rectorem (Direktor) de iniuriis magistri querantur.			
d) Sed ad hanc legationem eos deligemus, quorum auctoritas maxima sit.			
e) Pauci enim digni sunt, qui a rectore audiantur.“			
f) Rector autem non is est, qui verbis discipulorum aures non det.			
g) Itaque epistulam componit, qua iste magister ad rationem vocetur.			

116 Textarbeit

8 Was den Menschen von den übrigen Lebewesen unterscheidet

Johann Amos Comenius (1592–1670) hat sich unter anderem um eine bessere Vermittlung von Fremdsprachen verdient gemacht. Zu Beginn seines Werkes „Novissima linguarum methodus" erläutert er, worin seiner Ansicht nach das von Gott gegebene Wesen des Menschen besteht:

In liberis docendis hoc semper meminerimus: Omnes liberi – sive hominum divitum sive pauperum – sunt imagines et simulacra Dei. At nonnulli inveniuntur, qui quaerant, quid id significet[1]. Eis respondere consuevi: Tria sunt, quibus homines a ceteris animalibus differant:

RATIO, ORATIO, OPERATIO[2].

RATIO est lux divina in homine, quā ille res universas – sive intra se ipsum sive extra se – cognoscat.

ORATIONEM homo habet, quā eas res, quas noverit atque cogitet, clare explicet[3].

OPERATIO denique est potestas agendi ac efficiendi ea, quae intellegat et loquatur.

Unicuique nostrum ergo ingenium, sermo, manus datae sunt. Nemo est, qui illis rebus careat. Qui autem fructum rationis vel orationis vel operationis oderit, is dignus non erit, qui homo appelletur.

[1]sīgnificāre bedeuten [2]operātiō, ōnis *f* Arbeit(sfähigkeit) [3]explicāre ausdrücken

Aufgabe 1

a) Finde alle Wörter des Textes zu den Sachfeldern „denken" – „sprechen" – „handeln".

b) Markiere die vier Perfektopräsentien des Textes grün und bestimme ihre Form.

c) Markiere alle konjunktivischen Relativsätze blau.

d) Übersetze abschließend den lateinischen Text ins Deutsche.

Aufgabe 2

Laut Comenius beruht die Würde des Menschen auf den drei oben genannten Fähigkeiten. Beschreibe, wie Michelangelo die Würde des Menschen ins Bild gesetzt hat.

Michelangelo Buonarotti: Die Erschaffung Adams. Deckenfresko in der Sixtinischen Kapelle. 1511. Rom, Vatikan.

Wortkundig 1

Passiv, Deponens oder Semideponens? Ordne die folgenden Formen richtig zu. Schreibe dazu jeweils den Infinitiv Präsens mit deutscher Bedeutung in die richtige Spalte.

confisi sumus – aggressus es – confessus sum – ausus sum – confecti sunt – auctum est – gavisae estis – gesta sunt – solitus est – consuetum est – solutus est – secutus est – suspicati sumus – reversus

Passiv	Deponens	Semideponens

Witte nicht verbechseln! 2

a) Gib jeweils an, ob die folgenden Formen zu **sol**, **solus**, **solere** oder **solvere** gehören:

solo – soleo – soles (2) – soli (2) – solem – solutus – solitus – solum (2) – solorum

b) Unterscheide genau und übersetze dann:

auctus est – auditus est – ausus est – augebam – audiebam – audebam – conficiunt – confidunt – coniciunt – condiderunt – conare

Stammformen! 3

Ergänze die Lücken und gib jeweils die deutschen Bedeutungen an.

a) reperire   reper..............   rep..............i   re..............tum   ....

b) fingere   fing..............   fi..............i   fi..............um   ....

c) perspicere   perspic..............   persp..............i   persp..............um   ....

Irrläufer 4

Wo versteckt sich der Irrläufer? Begründe deine Wahl.
occulte – forte – crebro – vulgo – grave – perpetuo – frustra

Mutter Latein 5

Führe die Fremdwörter des folgenden Satzes jeweils auf ihr lateinisches Ursprungswort zurück und erkläre ihre Bedeutung: „Aus welcher **Perspektive** man es auch betrachtet, ein echtes **Perpetuum mobile** gibt es nur in **Science-Fiction**-Romanen."

6 Wortwechsel

Ersetze jede Form von **laetum esse** und **mos est** durch die entsprechenden (zeitgleichen) Formen von **gaudere** bzw. **solere**.

a) laetus sum	gaudeo	**e)** mos ei est	
b) laeti fuimus		**f)** mos ei erat	solebat
c) laeta erat		**g)** mos ei fuit	
d) laeta fuisset		**h)** mos eis fuerat	

Ersetze nun jede Form von **fidem habere** und **redire** durch die entsprechenden (zeitgleichen) Formen von **confidere** bzw. **reverti**.

i) fidem habebam		**m)** redeo	
j) fidem habui		**n)** redīsti	revertisti
k) fidem habebimus	confidemus	**o)** redierant	
l) fidem habuissent		**p)** redibunt	

7 Wagemutig

Bestimme jeweils die Formen von **audere** und übersetze.

a) Ego equidem non auderem, quod Copernicus ausus est.

b) Scitis eum hoc contendere ausum esse:

c) „Confirmare audeo terram neque medio in mundo (All) stare neque quiescere."

d) Utinam id dicere iste ne ausus esset!

e) Ego enim non audeam de consequentiis (Folgen) cogitare.

Kopernikus-Denkmal in Warschau.

8 Kleiner Bruder

Beschreibe vor der Übersetzung, was sich von der linken Spalte zur rechten Spalte geändert hat.

AcI	NcI
a) Alii Copernicum primum fuisse putant, qui solem medio in mundo (All) poneret.	Copernicus primus fuisse putatur, qui solem medio in mundo poneret.
b) Sed alii dicunt iam Graecum quendam idem confirmavisse.	Sed Graecus quidam iam idem confirmavisse dicitur.
c) Auctores tradunt sententiam Copernici a multis reprehensam esse.	Sententia Copernici a multis reprehensa esse traditur.

Widerstand gegen Kopernikus

Wie revolutionär Kopernikus' heliozentrisches Weltbild war, beweisen die Beinamen, die ihm später verliehen wurden: „Zerstörer des Mittelalters" oder „stillster Lärmmacher der Welt". Kein Wunder, dass die Vertreter des geozentrischen Weltbildes noch lange seine Theorie anzweifelten. So auch Gelehrte an der Sorbonne, der berühmten Universität von Paris:

„Audivistisne, commilitones[1], quid iste Copernicus, homo stultissimus, contendere ausus esset? Se naturam mundi[2] perspexisse dixit. Nec enim – ut iste confirmare solitus est – terra nostra, sed sol ipse in medio mundi loco sedet. Quod confirmavisse iam Aristarchus[3] quidam dicitur. Sed e vobis quaero, quomodo id fieri possit:

Si terra globosa[4] esse putatur, cur homines in diversa parte orbis vitam agentes non de terra cadere solent? Si verum esset terram summa cum celeritate verti, nos homines non modo crebro, sed perpetuo ventis vehementissime torqueremur! Si verum esset nos una cum terra per mundum moveri, haec quaestio[5] contemnenda esse non videretur: Cur nos illum motum terrae non sentire possumus?

Denique loca in scriptura[6] reperiuntur, quibus motus non terrae, sed solis demonstretur.

Ergo confidite his rationibus, quibus sapientes semper confisi sunt! Ne illis confisi sitis, quae iste sibi finxit! Revertimini ad disciplinam[7] maiorum!"

[1]commīlitō, ōnis *m* Studienkollege [2]mundus Weltall
[3]Aristarchus Aristarch von Samos (320–250 v. Chr.) [4]globōsus, a, um kugelförmig
[5]quaestiō, ōnis *f* Frage [6]scrīptūra die Heilige Schrift [7]disciplīna *hier:* Lehre

Aufgabe 1
Markiere alle Semideponentien des Textes. Übersetze dann den lateinischen Text ins Deutsche.

Aufgabe 2
a) Mit welchen Worten bringt der Sprecher seine Verachtung für Kopernikus und dessen Lehre zum Ausdruck?
b) Beschreibe die Absicht, die der Sprecher mit den Bedingungssätzen (Z. 5–9) verfolgt.

Aufgabe 3
Recherchiere zu Giordano Bruno und vergleiche seine Aussagen bzw. sein Schicksal mit dem des Kopernikus.

Denkmal für Giordano Bruno (1548–1600) am Ort seiner Hinrichtung auf dem Campo de' Fiori in Rom.

118 Wortschatz

1 Gehversuche

a) Ordne den Pfeilen 1 bis 4 das passende Verb zu: ēgredī - prōgredī - aggredī - īngredī

b) Wie würdest du Pfeil 5 beschriften, wenn du dabei in derselben Wortfamilie bleiben musst?

c) Erschließe die Bedeutung von congredī und versuche, entsprechende Pfeile einzuzeichnen.

2 Von a bis a!

Durch die Änderung nur eines Buchstaben ergeben sich ganz andere Wörter.
Gib jeweils ihre Bedeutung an.

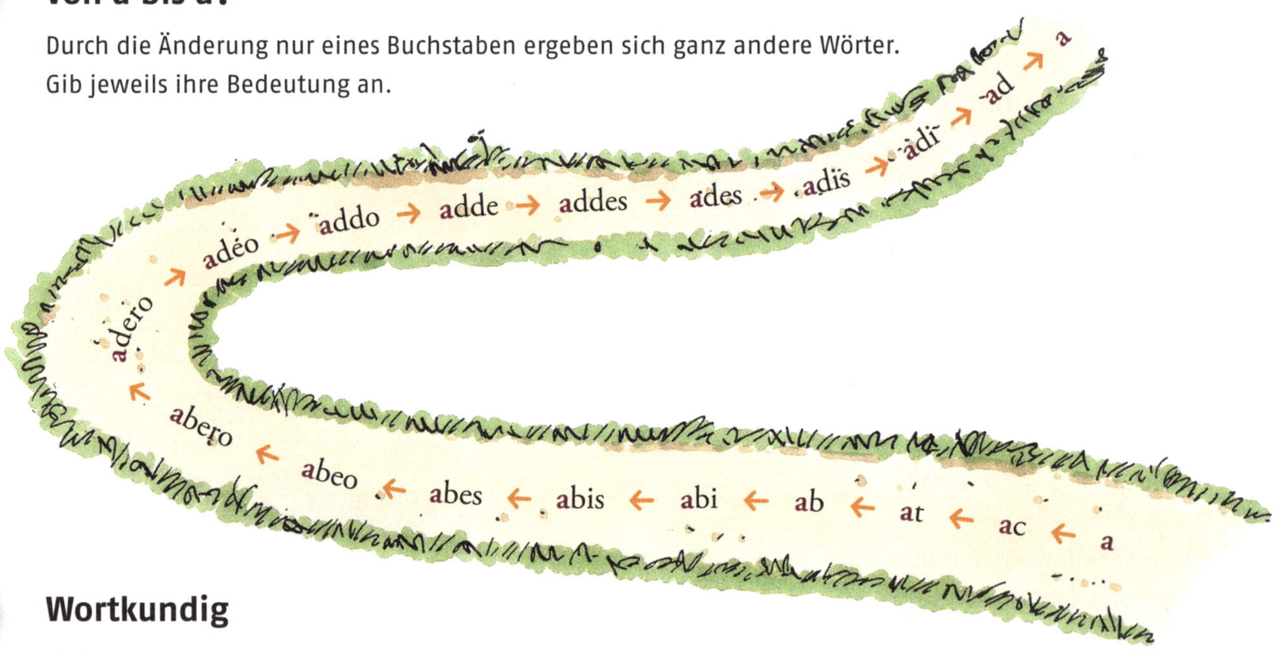

3 Wortkundig

a) Echt „schwaer“: Unterscheide und übersetze.

aestus – aestas – aetas – aeternus – aequus – aequor – aes – aer

b) Für Profis: Ordne jeweils die richtige Übersetzung zu.

1	procul	A	näher
2	profecto	B	sicherlich, tatsächlich
3	profectus	C	von fern, weit weg
4	propius	D	sofort
5	prorsus	E	überhaupt, völlig
6	protinus	F	aufgebrochen (seiend)

Ansichtssache! 4

Erkläre mithilfe des Begriffs „innere Abhängigkeit" den Unterschied zwischen den Gliedsätzen in der linken und in der rechten Spalte:

Multi homines Copernicum laudant, …

a) … quod eos verum docuit.

b) … quod se verum docuerit.

Multi homines Copernicum laudaverunt, …

c) … quod eos verum docuerat.

d) … quod se verum docuisset.

Alii ei crimini dant, …

e) … quod iste scripturae (Heilige Schrift) parum confisus est.

f) … quod iste scripturae (Heilige Schrift) parum confisus sit.

Modalitäten 5

Übersetze und erkläre jeweils den **Modus** der farbig markierten Verben.

a) Homines stulti saepe id reprehendunt, quod reprehendi non **potest**.

b) Saepe fit, ut homines stulti id reprehendant, quod reprehendi non **possit**.

c) Quis nescit homines stultos saepe id reprehendere, quod reprehendi non **possit**?

d) Tu semper ea dicis, quae **sentis**.

e) Philosophus mansisses, si ea tacuisses, quae **sensisses**.

f) Te rogo, cur semper tibi ea dicenda sint, quae **sentias**.

Sprachkundig 6

Übersetze und kreuze an, warum der Konjunktiv verwendet wird.

	konjunktivische Abhängigkeit	infinitivische Abhängigkeit	innere Abhängigkeit
a) Quis est, qui non intellegat sententiam, quae Copernicus **docuerit**, veram esse?	●	●	●
b) Necesse est eum, qui caelum **tueatur**, sententiam Copernici probare.	●	●	●
c) Copernicum non reprehendo, nisi quod diu **dubitaverit** sententiam suam litteris tradere.	●	●	●
d) Omnes sententiam Copernici probavissent, si diligenter legissent, quod ille **scripsisset**.	●	●	●

7 De organo supremo

Andreas Witinck (1514–1564) aus Wesel, später nach seiner Heimatstadt Andreas Vesalius benannt, wurde (erst 24-jährig!) zum Professor für Chirurgie und Anatomie ernannt. Mit 30 Jahren wurde er Leibarzt von Kaiser Karl V. (1500–1558). Kurz zuvor hatte er das Werk „De humani corporis fabrica" (Über den Bau des menschlichen Körpers) verfasst, das ihn zum eigentlichen Begründer der neuzeitlichen Anatomie erhob. In diesem Werk beschreibt er auch das menschliche Herz:

Opinor ex omnibus órganis[1], quae creata sint, ut nostrae vires consumptae restituantur, supremum esse cor. In corde enim aestus sanguinis restitui solet. Sanguine autem corpus totum alitur. Quis ergo verbis eorum credat, qui caput sedem animae appellent?

Cor ita prorsus fictum est, ut eius forma nuci pineae[2], quae compressa[3] sit, par esse videatur. Basis[4] quidem cordis medio in pectore collocata est, sed mucro[5] eius se in sinistram[6] pectoris partem vertit. Carnem[7], e qua cor constet, adeo duram esse cognovi, ut naturam musculorum[8] egrediatur. Deinde cor duos ventriculos[9] possidet, qui inter se differunt. Alter ventriculus – id est ventriculus dexter – tenuior[10] altero esse cernitur. Denique mihi dicendum est cor variis vasis ornatum esse, quibus sanguis égredi revertique putetur.

[1]organum (Körper-)Organ [2]nux pineae, nucis pineae *f* Pinienzapfen
[3]compressus, a, um zusammengedrückt [4]basis *f* Grundlage, Basis [5]mucrō *m* (Schwert-)Spitze
[6]sinister, sinistra, sinistrum links [7]carō, carnis *f* Fleisch [8]mūsculus Muskel
[9]ventriculus Herzkammer (eigtl. „kleiner Bauch")
[10]tenuis, e *hier:* mit einer dünnen (Muskel-)Wand ausgestattet

Aufgabe 1

Der Satzbau ist – wissenschaftlichen Ausführungen entsprechend – schlicht und möglichst präzise. Der Inhalt ist jedoch relativ komplex. Unterstreiche zunächst alle anatomischen Begriffe und versuche mit ihrer Hilfe den Inhalt vor der Übersetzung grob zu erschließen. Übersetze dann den lateinischen Text ins Deutsche.

Aufgabe 2

Diese Zeichnung eines menschlichen Herzens stammt aus der zweiten Auflage von Vesalius' „De humani corporis fabrica" (1555). Man kann hier sehen, dass die Wand der linken Herzkammer fester ist. Informiere dich über den Grund. Ein Tipp: Es hat mit dem von William Harvey entdeckten großen Blutkreislauf zu tun.

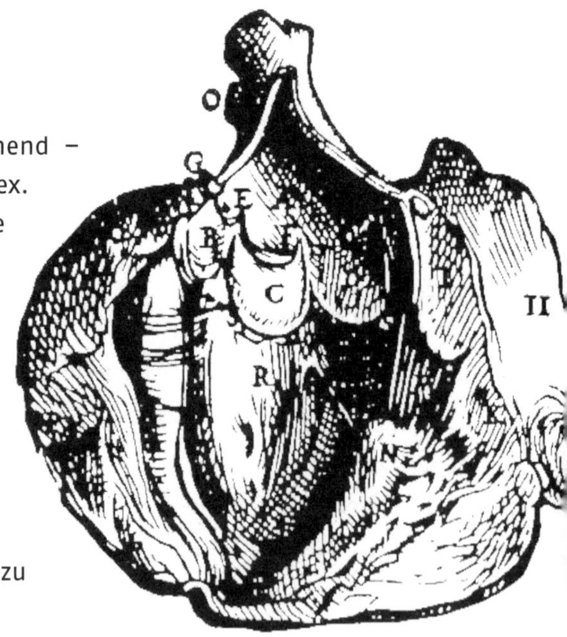

Zeichnung des Herzens aus Vesalius' Werk „De humani corporis fabrica" in der Auflage von 1555.

Wortkundig

1

a) Wie oft, bitteschön?
Bringe die folgenden Antworten auf die Frage **Quotiens?** in eine sinnvolle Reihenfolge.

crebro – raro – iterum – semper – ....

numquam – iterum atque iterum – ....

saepe – plerumque ....

b) Kombiniere jeden Zeitbegriff mit dem passenden Adjektiv (KNG-Kongruenz!) und trage dann die Zahl-Buchstaben-Kombinationen über der passenden Zeitstufe ein:

1 diebus	**2** tempora	
3 tempestatem	**4** saeculorum	
5 aetate	**6** die	**7** horas

A superiorum	**B** praesentibus	
C praeterito	**D** recentem	
E pristinā	**F** has	**G** futurā

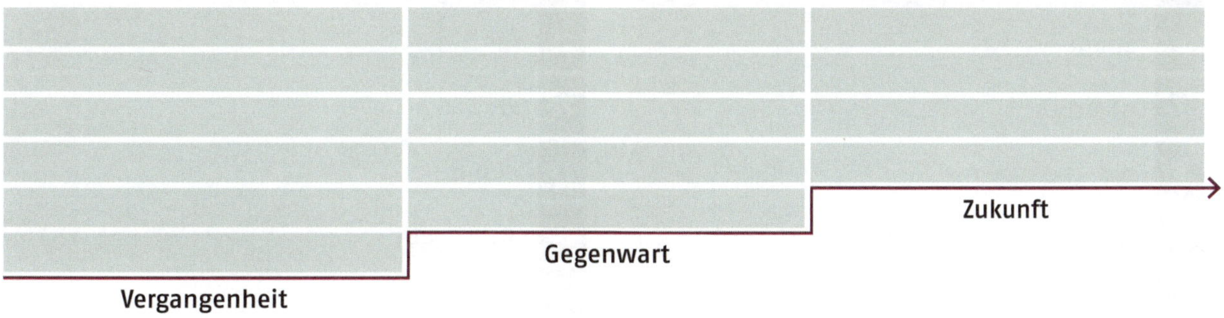

Repetitio est mater studiorum

2

Wiederhole zunächst die folgenden Korrelativa. Übersetze dann die Sätze.

tam … quam – tot … quot – tantum … quantum
talis … qualis – ita … ut – idem … qui

a) **Quot** capita **tot** sententiae.

....

b) **Quanto** maius **tanto** melius.

....

c) **Qualis** magister **tales** discipuli.

....

d) **Quanto** maior eris, **tanto** melior sis!

....

e) Spero te haec vocabula nunc multo diligentius didicisse.

....

3

Sub- oder Konjunktion?

Ein Hauptschritt der Satzanalyse ist die Scheidung von Haupt- und Nebensätzen. Dazu musst du genau unterscheiden zwischen **Subjunktionen** (unterordnende Bindewörter), die auf jeden Fall einen Nebensatz einleiten, und **Konjunktionen** (beiordnende Bindewörter), die einen begonnenen Satz (z. B. den Hauptsatz) weiterführen bzw. Satzglieder aneinanderreihen:

Übersetze die folgenden Bindewörter und entscheide, ob es sich um eine **K**onjunktion oder eine **S**ubjunktion handelt:

1	et: und	K	16	-que	
2	postquam		17	quamquam	
3	dum		18	neque	
4	quia		19	quoque	
5	aut		20	modo ... modo	
6	etiam		21	ne	
7	quamvis		22	an	
8	sed		23	deinde	
9	ut		24	aut ... aut	
10	nisi		25	et ... et	
11	si		26	atque	
12	autem		27	quod	
13	tamen		28	etsi	
14	vel		29	quoniam	
15	cum		30	tum	

4

Gliedsätzen auf der Spur

Sieh dir das folgende Beispiel genau an, in dem nur die Gliedsätze farbig markiert und eingeklammert sind. Analysiere dann die weiteren Sätze dem Beispiel entsprechend und übersetze sie.

Beispiel: Aetas nostra, (**quae succedit**), operibus aetatum superiorum utitur, (**ut nos plura noverimus quam illi**).

a) „Quamquam multa quaerere audeo, numquam ausus sum quaerere, utrum totus mundus (das All) finem habeat an non. **b)** Nam philosophis ea permittere solitus sum, quae ceteri homines ratione confisi cognoscere non possunt. **c)** Quomodo igitur terra minima quiescere potest, cum infinitus (!) mundus circum illam minimam vertatur? **d)** Sed eis, qui in nave sunt, cuncta, quae extra navem sunt, moveri videntur, cum ipsi se quiescere putent."

Sie haben Tag und Nacht für uns Zeit

Im Multimedia-Zeitalter scheinen alle Generationen, die noch keinen PC, kein Handy, kein World Wide Web kannten, in der Steinzeit gelebt zu haben. Demzufolge ist das Vergangene für viele belanglos. Ein anderes Verhältnis zu den vorigen Generationen hatte Seneca – römischer Redner, Philosoph und Erzieher von Kaiser Nero. Er sieht – wie später Johannes von Salisbury – die Beschäftigung mit den Schriftstellern der Vergangenheit nicht als Zeitverschwendung, sondern als Bereicherung.

1. Nisi in-gratissimi sumus, illi aetatum superiorum auctores nobis nati sunt, nobis vitam instituerunt.
2. Nemo nisi auctores pristinorum temporum nos ducunt ad res pulcherrimas, quas ipsi e tenebris ad lucem extulerunt.
3. Quanto diligentius libros eorum legeris, tanto magis eos ut parentes colendos esse censebis.
4. Colloqui cum Platone et Aristotele licet, cum Epicuro quiescere[1], una cum philosophis licet hominis naturam modo vincere modo excedere.
5. Quis est, qui dubitet nos ad pristinos venientes multo meliores fieri, praesertim cum omnibus diebus, omnibus noctibus illos convenire possimus?
6. Horum nemo annos nostros conterit[2], sed annos suos nobis tribuit.
7. Qui eorum viribus et laboribus nixus erit, accipiet, quaecumque volet.
8. Qui eis successerit, habebit, cum quibus de minimis maximisque rebus colloquatur.
9. Hi nobis dabunt ad aeternitatem[3] iter et nos in illum locum, ex quo nemo deicitur[4], tollunt.

[1]quiēscere, quiēscō *hier:* zur Ruhe zu kommen [2]conterere, conterō aufreiben, vergeuden
[3]aeternitās, ātis: *Subst. zu* aeternus, a, um [4]dēicere, dēiciō herabwerfen

Aufgabe 1

a) Suche alle Wörter im Text, die dem Sachfeld „Zeit" zuzuordnen sind.

b) Wo und wie oft kommen die folgenden Satzmuster im Text vor?

- **A** **H**aupt**S**atz + **N**eben**S**atz
- **B** **NS** + **HS**
- **C** **HS** + **NS** + **NS**
- **D** **NS** + **HS** + **NS**
- **E** **HS** + **NS** + **HS**

c) Welche satzwertigen Konstruktionen findest du im Text?

d) Übersetze abschließend den Text.

Aufgabe 2

Auf Raffaels Gemälde finden sich dieselben Philosophen, von denen auch der Text spricht. Kannst du die abgebildeten Personen zuordnen? Informiere dich in deinem Lateinbuch auf S. 70–71.

Raffael: Die Schule von Athen (Ausschnitt). 1511. Rom, Vatikan.

Selbsttest zu den Lektionen 112–119

Bearbeite zunächst die Aufgaben. Vergleiche dann deine Antworten mit den Antworten im Lösungsheft. Dort findest du auch, wie viele Punkte du für jede richtige Antwort erhältst. Zähle die Punkte, die du für deine richtigen Antworten erhalten hast, zusammen und ermittle danach mit der Bewertungstabelle am Ende des Selbsttestes, wie deine Leistung zu bewerten ist.

1 Überleg mal! — 5 BE

Unterstreiche jeden Hortativ blau, jeden eindeutigen Deliberativ grün.

a) Tullius: „Iudicem petamus et pecuniam nostram repetamus!“

b) Quintus: „Sed quid iudex faciet? Fortasse (vielleicht) infestus erit, fortasse irascetur, fortasse nos ipsos damnabit.“

c) Tullius: „Quid aliud faciamus? Utinam id mihi dicere posses!“

d) Quintus: „Nescio, quid faciamus. Aliquos testes arcessamus an peritum iuris (einen Rechtsgelehrten) rogemus, ut ius nostrum impetret?“

2 Leicht gemacht — 5 BE

Unterstreiche alle Formen, die es im Lateinischen geben kann:

a) interficitur **b)** fias **c)** fiatur **d)** perficiunt **e)** factum est **f)** facitur **g)** fient

3 Verschränkt — 3 BE

Unterstreiche nur die Relativpronomina, die einen verschränkten Relativsatz einleiten.

a) Mercedem mox tibi dabo. Qua accepta tu tibi emas, quicquid voles.

b) Iste „amicus“, cuius nomen te iam audivisse scio, me fefellit.

c) Istum „amicum“, quem semper fidum (treu) putavi, non iam requiram.

4 Gewusst, wie! — 4 BE

Gib zu den lateinischen Verbformen links jeweils die passende Übersetzung an, indem du den Großbuchstaben hinter die Form schreibst.

1	scies		5	sciebatis		A	ihr wusstet	E	du wirst wissen
2	novistis		6	noverit		B	er wird wissen	F	er wüsste
3	novero		7	novisset		C	ihr wisst	G	ich werde wissen
4	noveram		8	scirent		D	sie wüssten	H	ich wusste

Leichte Wahl

4 BE — 5

Wähle jeweils aus, welche der beiden vorgegebenen Lösungen passt.

a) Sol summa cum celeritate moveri (**dicunt / dicitur**).

b) Terra multis hominibus medio in mundo quiescere (**videbant / videbatur**).

Alles relativ

9 BE — 6

Bei jedem der folgenden Gliedsätze handelt es sich um einen Relativsatz. Der adverbiale Nebensinn ist aber jeweils an anderer. Übersetze und gib jeweils den Nebensinn des Relativsatzes an.

a) Quattuor discipuli inventi sunt, qui hunc laborem **susciperent**.

....

b) Me, qui semper **didicissem**, magister laudavit.

....

c) Natura hominibus rationem dedit, qua in agendo **regerentur**.

....

Halbe, halbe!

4 BE — 7

Übersetze die folgenden Formen und bilde dann zu den Formen des Perfektstamms die entsprechenden des Präsensstamms und umgekehrt.
Beispiel: ausi eramus → wir hatten gewagt → audebamus

a) confidunt .... → ....

b) solitus es .... → ....

c) revertisti .... → ....

d) gauderent .... → ....

Konjunktivitis

6 BE — 8

Übersetze und kreuze an, warum der Konjunktiv verwendet wird.

	konjunktivische Abhängigkeit		infinitivische Abhängigkeit		innere Abhängigkeit	
a) Discipuli magistro gratiam habuerunt, quod se bene **docuisset**.		●		●		●
b) Magistris mos est eos laudare, qui bene **didicerint**.		●		●		●
c) Nemo adhuc inventus est, cui id satis esset, quod **haberet**.		●		●		●

BE	40–35	34–29	28–23	22–17	16–11	10–0
Leistungs-stand	sehr gut	gut	befriedigend	ausreichend	mangelhaft	ungenügend

Bildnachweis

akg-images **32. 36. 45** | akg-images / Erich Lessing **8. 29. 39** | akg-images / Rabatti – Domingie **15** | Biblioteca Vaticana, Rom **54** | Bridgeman Art Library / Giraudon **21** | dpa picture-alliance / akg-images **12** | dpa picture-alliance / EPA / Brian Bergmann **9** | dpa picture-alliance / dpa Bildarchiv **51** | dpa picture-alliance / HB Verlag **48** | dpa picture-alliance / Zentralbild – Fotoreport / Ralf Hirschberger **18** | interfoto / Bildarchiv Hansmann **26** | interfoto / imagebroker **50** | mauritius images / imagebroker / Barbara Boensch **25** | mauritius images / imagebroker / Jean-Pierre Lescourret **46** | Scala, Florenz **17. 20. 59** | Verlag G. Freytag, München **4** | Veronika Lobe, Würzburg **19**

Einband Vorderseite: **Der römische Philosoph und Staatsmann Marcus Tullius Cicero**. Detail vom Schönen Brunnen auf dem Nürnberger Hauptmarkt. 14. Jh. Bernd Weber, Bamberg. | **Der Konstantinsbogen in Rom (Italien)**. mauritius images / imagebroker / Günter Fischer | Der **Pons Fabricius** und die **Tiberinsel in Rom (Italien)**. istockphoto / fotoVoyager | Der **Tempel des Septimius Severus in Djémila (Algerien)**. mauritius images / imagebroker / Michael Runkel.

Einband Rückseite: Die römische **Villa Centum Cellas bei Belmonte (Portugal)**. mauritius images / Michael Runkel | Das **Amphitheater von Nîmes (Frankreich)**. mauritius images / José Antonio Moreno | Römische **Brücke bei Aspendos (Türkei)**. dpa picture-alliance / Bildagentur Huber / R. Schmid.